谨以此书献给方志出版社二十华诞

方圆天下 志书今古

方志出版社
成立二十周年纪念文集
（1995—2015）

主　编　冀祥德
副主编　于伟平　张大伟

方志出版社
Publishing House of Local Records

图书在版编目（CIP）数据

方圆天下　志书今古：方志出版社成立二十周年纪念文集：1995—2015 / 方志出版社编．-- 北京：方志出版社，2015.12
ISBN 978-7-5144-1889-7

Ⅰ．①方…　Ⅱ．①方…　Ⅲ．①出版社－北京市－纪念文集　Ⅳ．①G239.22-53

中国版本图书馆 CIP 数据核字（2015）第 306710 号

方圆天下　志书今古
——方志出版社成立二十周年纪念文集（1995—2015）

编　　者：方志出版社
责任编辑：徐　宏　刘方圆

出 版 人：冀祥德
出 版 者：方志出版社
地址　北京市朝阳区潘家园东里 9 号（国家方志馆 4 层）
邮编　100021
网址　http://www.fzph.org
发　　行：方志出版社发行中心
电话　（010）67110500
经　　销：各地新华书店
排　　版：北京纺印图文设计制作有限公司
印　　刷：北京印刷集团有限责任公司印刷二厂

开　　本：787×1092　1/32
印　　张：4.625
字　　数：124 千字
版　　次：2015 年 12 月第 1 版　2015 年 12 月第 1 次印刷

ISBN 978-7-5144-1889-7　定价：66.00 元

主　编　冀祥德
副主编　于伟平　张大伟

编辑部　李　沛　徐　宏
　　　　刘方圆　毕春梅

前言

每一本墨香四溢的书籍背后，都有一段润物无声的艰辛历程和吐蕊绽放的动人故事。

20 年前，修志前辈们远见卓识，创立了至今仍然是全国唯一的一家专业出版志书的出版社——方志出版社。从那时起，出版社白手起家，前辈们扛起为国家和人民出版志书的历史重任，筚路蓝缕，励精图治，一批又一批优秀的出版人不断添砖加瓦，历经磨难，风雨兼程。在他们持续不断的努力下，出版社不断发展壮大，如今已经成为我国方志文化天空中一道绚丽的风景线。

20 年，斗转星移，这些出版人中有的已经作古，但他们的方志人精神已经成为一种坚不可摧的强大力量，这股力量将推动方志出版社的同人不断攀登新的高峰并至久远。

值出版社创立 20 周年之际，我们在回顾过往的奋斗历程当中，常常被出版社艰苦创业中留下的闪光足迹所打动，更被在困难复杂的条件下，创立、整顿、迁址、谋划、开拓时所表现的那种勇于担当、顽强拼搏的精神所激励。

因此，我们想把这些生动感人的事迹编辑成一本文集，献给为出版社创立、成长付出辛劳的出版人和关心、支持方志出版事业的读者。

编辑出版《方圆天下 志书今古——方志出版社成立20周年纪念文集（1995—2015）》，是想尽量记述过往的所有苦乐，追述所有为今天付出过努力的人们，但也难免挂一漏万。但是，我们相信在今天的成就背后，一定有无数应予书传的人和事，我们将永存感念。

编者

2015年12月25日

目录 CONTENTS

你真方志

冀祥德

今天是中国传统二十四节气中的冬至，时值北方隆冬，南国广东却风和日丽，风景独好。

沿着广东改革开放开创者习仲勋的足迹，我很荣幸踏上南越国的土地，来参加广东省纪念新方志编修30年座谈会暨《广东省志（1979—2000）》首发式。

依稀记得，当年，也就是1978年，习仲勋离开北京南下主政广东。他遇见了1978年到1979年初，十几万广东人逃离广东外流中国香港的“大逃港”风潮。习仲勋说，“不能把外流的群众当做敌人，你们要把他们统统放走”“我们不能把偷渡外逃当做敌我矛盾。香港、澳门也是我们的领土。群众日子过不下去往那边跑，只能叫‘外流’，不能叫‘外逃’”。他还说，关键问题还是要发展生产，迅速提高人民群众生活水平，不然他们今天不跑，明天还会跑。

我们不知道，这位中华人民共和国的开国元勋，在面对十几万群众“大逃港”以及军队官兵手牵狼狗追踪外流群众时是怎样的心潮起伏；我们更不知道，他面对收容所关押的被抓回“外逃”群众时心中的思绪万千；我们只知道，1979年他代表广东省委参加中央工作会议带去了“广东先走一步”的方案，代表省委率先向党中央提出充分利用国内外的有利形势，发挥广东的特点和人文地缘优势，让广东在改革开放中先走一步的请求；我们只知道，他面见了中国改革开放的总设计师邓小平，以及邓小平给他说的一句话——“中央没有钱，可以给些政策，你们自己去搞，杀出一条血路来”。习仲勋和他的继任者们就是这样，在中国共产党的正确领导下，带领全省人民披荆斩棘，开创全国改革开放之先河，为全国改革开放“杀出了一条血路”，使广东成为中国改革开放的窗口、综合改革的试验区和排头兵，成为中国改革开放的一面旗帜，为国家实行对外开放政策提供了宝贵经验，深刻影响了全国的改革开放进程。

今天，我很荣幸能站在这里，见证记载这段历史的《广东省志（1979—2000）》公开出版发行，见证广东省改革开放波澜壮阔的历史，教化与资政依法治国、建设社会主义法治国家的未来。

《广东省志（1979—2000）》全书33册43卷，全面、客观、翔实地记述了1979—2000年改革开放期间，广东省委、省政府历届领导团结带领全省人民，高举中国特色社会主义伟大旗帜，发扬敢为天下先的精神，以“杀出一条血路”的勇气，解放思想，实事求是，与时俱进，开拓创新，推动经济社会发展取得的举世瞩目的巨大成就，突出记述了广东省政治、经济、文化、社会、生态等方面发生的深刻变化，着重反映了广东省经济发展和改革开放情况，重点彰显了广东省在全国改革开放中的先行地位和经济建设取得的成就。

《广东省志（1979—2000）》具有如下几个鲜明的特点：第一，体例创新。采用中小篇相结合的分卷综合体结构，打破部门界限，按行业与事物的性质分类。全志设43卷，共200多个单位参与修志工作。明确断限，个别分卷上限，根据实际作适当上溯，严格统一下限。控制篇幅，统一入志标准，整体性强。第二，体裁完备。坚持以志体为主，横排门类，纵述史实，述而不论，除《总述》《大事记》《人物》外，各卷均有照片、概述、大事记、图、表、附录等体裁。第三，资料权威。主要资料来源于各单位、各部门保存的档案材料及《广东年鉴》《广东统计年鉴》，以及各级档案馆、统计局等权威部门的官方资料及数据，资料有一定的广度和深度。第四，时代特色和地方特色突出。总体篇目结构设置上侧重于对经济部类的记述。43卷中属于经济类的有18卷，占总数的48%，并设置符合改革开放时代特色的分卷，如《经济管理》《经济特区和开发区》《经济体制改革》《人民生活》《信息产业》，突出反映改革开放后广东在经济方面的巨大变化。《专记卷》中设置了《珠三角经济》《海洋经济》《粤港澳台经济文化交往》《精神文明建设》4篇有浓厚广东地方特色的专记。

《广东省志（1979–2000）》是中华人民共和国成立后广东省编纂的第二部省志，是海内外社会各界人士认识广东、研究广东、借鉴广东、建设广东等不可缺少的重要史料，也是进行省情教育、爱乡爱国教育的生动翔实教材。该书从2002年2月启动到今天完成出版印刷举行首发式，历时12年，几届省委、省政府领导高度重视，宏观指导，广东省方志界同人精诚团结，兢兢业业，任劳任怨，他们用广东省地方志工作的突出业绩，实践了习近平总书记“以史鉴今，启迪后人”、李克强总理“修志问道，以启未来”、王伟光组长“冷板凳需要热心肠”和李培林常务副组长“冷部门也可以作出火热的事业”的讲话，值得肯定，值得祝贺，值得钦佩，所以，我提议，让我们把发自内心的由衷肯定、祝贺与敬佩的掌声献给他们！

今天，在这里，我要特别介绍一下为《广东省志（1979—2000）》的编纂出版呕心沥血的广东省人民政府地方志办公室陈强主任。17年来，他心系地方志，情系地方志。尤其是，为了能把《广东省志（1979—2000）》打造成地方志精品，多少次，他飞往北京与我会晤磋商；多少次，他当天飞来，第二天飞回；多少次，他当天飞来，当天飞回。从他身上，我看到了方志人爱岗敬业、恪尽职守、淡泊名利、执着守望、辛勤耕耘、甘于奉献的精神！

国有史，邑有志。地方志是传承和彰显中华文明的重要载体，是中华民族优秀文化的瑰宝。一年多来，我跟随王伟光组长、李培林常务副组长深入到十几个省市自治区调研地方志工作，是以陈强主任为代表的方志人给予我献身方志事业的激情，是以陈强主任为代表的方志人坚定了我要建设全国志书专业出版基地的信心。今天，在他即将卸任广东省地方志办公室主任的时候，面对广东省地方志工作的辉煌业绩，我想创造一句表扬与激励人们的话，献给 17 年来把“冷板凳坐热”的陈强主任，献给成千上万兢兢业业、甘于寂寞、默默奉献、修志问道、直笔著史的方志人——你真方志！

2014 年 7 月 29 日，国家新闻出版广电总局办公厅通知《广东省志（1979—2000）》出版单位——方志出版社，由我社申报的《广东省志（1979—2000）》，经过专家评审和总局批准，被列为《“十二五”国家重点图书、音像、电子出版物出版规划》项目，这是全国列入国家重点图书出版规划的首部省志，可喜可贺。

方志出版社是中国社会科学院主管、中国地方志指导小组主办的全国唯一一家专门以志书年鉴出版为主的国家级出版单位。目前，方志出版社正在按照王伟光组长、李培林常务副组长在第五次全国地方志工作会议上讲话和《全国地方志事业发展规划纲要（2015-2020）》（草案）建成全国志书专业出版基地的要求，在新一届中国地方志指导小组办公室党组领导下，团结拼搏，深化改革，转型发展，希望为全国地方志事业繁荣与蓬勃发展，为各级地方志机构，提供更多、更优质的服务。

各位方志同人，让我们携起手来，牢记习近平总书记、李克强总理关于地方志工作的重要指示，按照刘延东副总理“打造无愧于时代、无愧于人民、无愧于历史、无愧于民族的系列精品佳志”的讲话要求，全面贯彻落实王伟光组长、李培林常务副组长在第五次全国地方志工作会议及系列讲话精神，共创中国地方志事业的美好明天！

5年，10年，20年，或者若干年过后，希望你也能得到这样的一个肯定评价——你真方志！

［此文系作者2014年12月22日在广东省纪念新方志编修30年座谈会暨《广东省志（1979—2000）》首发式上的发言］

方志出版社创办纪事

李祖德

方志出版社于 1995 年成立，至今已过去 20 个年头。我有幸参加方志出版社的创办工作，到 2002 年，整整干了 7 年，回忆往事，犹历历在目。在方志出版社成立 20 周年之际，写下此文，以志纪念。

一　方志出版社的筹备

1983 年中国地方志指导小组恢复工作以来，经过十多年的努力，在全国范围内基本形成了党委领导、政府主持、地方志编纂委员会组织实施的修志格局，修志队伍有 11 万人以上，出版志书 1549 种，但是这些志书的出版由全国各地各类的出版社出版。这些出版社都有自己的专业范围，对地方志书不予重视，没有专门的方志编审部门与人员。各地志书编好后，到处找出版社出版，颇费精力。随着地方志事业的不断发展，陆续有大批的志书出版。方志界强烈要求有一家专门出版地方志的出版社，以适应新的形势需求。1995 年，李铁映任中国地方志指导小组组长后，便立即着手进行方志出版社的筹备工作。

1994 年下半年，我从历史所副所长岗位调到中国地方志指导小组任副秘书长，开始筹备方志出版社。1993 年 3 月 11 日，时任指导小组秘书长的郦家驹，向新闻出版署提交了《关于申请成立中国方志出版社的报告》。经过将近两年的努力，1994 年 11 月 29 日，新闻出版署批准成立方志出版社，这对于加强志书出版的管理，完成修志任务，具有十分重要的意义。出版社获得了批准，但出版社的命名却成了问题。原来我们在《关于申请成立中国方志出版社的报告》中申请成立“中国方志出版社”，新闻出版署叶树人对我说，凡是用“中国”命名的出版社要经过国务院有关部门批准，必须另打报告审批。经过我们商议，为了出版社早日开社，同意不加“中国”两字；同时也提了一些别的社名，如“地方志出版社”，等等。我的意见是，既然不用“中国”干脆就叫“方志出版社”，并获得了大家的同意。方志出版社在新闻出版署批了下来，但不等于马上就可开业，其间还需要经过一系列繁复的手续。

首先是办理出版社的营业执照。根据工商行政管理局的规定，凡新成立的单位必须有一定数量的启动资金与办公地点，否则不予登记，开不了业。当时指导小组办公室的经费一年也只有 23 万元，每年开支捉襟见肘，自顾不暇，不可能拿钱给出版社作启动资金。至于申请国家拨款与自筹，在当时的情况下根本没有这个可能。最后，在中国社会科学院的帮助下，总算暂时解决了启动资金。至于出版社的办公地点，实际上是指导小组办公室租借历史所的两间办公室，办公人员与出版社人员挤在一起，十分拥挤，这也是当时的无奈之举。

其次是领取社长、总编辑的“上岗证”。1995 年 2 月 24–28 日，新闻出版署图书管理司与教育培训中心联合召开会议，对新建出版社与其他出版社新任命的社长、总编辑进行业务培训，由新闻出版署署长于友先、副署长杨牧之以及各部门负责人分别授课。我与霍力进、高延军参加，经过考核，成绩合格颁发证书。

再次是要办理出版社开业前所必备的各种手续。如到北京新闻出版局办理注册登记手续；到中国 ISBN 中心领取书号，到国家技术监督局办理方志出版社的“企业法人代码证书”；到国税局、地税局办理出版社的税务登记，便于今后对出版社的查账、收税等。以上这些手续每一次都颇费周折，要办下来很不容易。

再次是方志出版社领导班子的任命。由中国地方志指导小组办公室向中国社会科学院打报告，请求任命出版社社长、总编辑的人选。1995 年 3 月 6 日，中国社会科学院人事教育局下文，任命郦家驹为方志出版社社长，我为总编辑兼副社长。有了这一任命，我们就可以名正言顺地开展工作了。

最后是方志出版社的编制问题。我们向中央机关编制委员会上报《关于申请中国方志出版社编制的请示报告》。第一次郦家驹与我同去，以后我又跑了几次。当时国家正在紧缩编制，出版社批编制困难很大。经过多次努力，中央编制办于 1995 年 4 月 13 日正式批复“同意成立方志出版社，核批事业编制 40 名，经费自收自支”。从新闻出版署批准成立方志出版社开始，经过半年多的奔波联系，办理了众多手续，方志出版社终于在 1995 年 5 月正式开业了。

二　草创中的方志出版社

方志出版社成立之初，没有一分钱，没有一间房，没有一个人，是个“三无世界”。出版社迈出的第一步就是外出到地方去组织稿源。当时我向指导小组办公室借了一些钱，请指导小组办公室高延军同志陪同我去福建组稿。福建省地方志编纂委员会主任刘学沛同志是我的挚友，在他的支持下，我们与福建省地方志编纂委员会签订了长期出版合同。回京途经南京，受到江苏省地方志办公室主任汪文超同志的热情接待，不但与江苏省地方志办签订了出版协议，而且还与南京六合印刷厂签订有关印刷方面的合同。接着，安徽省志办听说我们到了南京，立即派人接我们到合肥。时任安徽省志办主任王鹤鸣毕业于复旦大学，是我相识的学弟，签订了出版、印刷等方面的各种协议。就这样，我们用了 11 天的时间，去了 3 个省 4 个地方，签订了许多合同，可以说是“大丰收”。我们刚回到北京，江西省志办找上门来，当场就定下要出版几本志书。

初期，书号条码请指导小组办公室黄淑琴同志代为保管。在历史所建所初期曾承担过历史所会计的杨品泉同志出任出版社会计，杨品泉成了来到出版社工作的第一人。李沛是出版社第一位正式编制人员，负责编辑审稿等工作，不久，李冬玲同志也来到出版社做编辑工作，这样，方志出版社算上我，共有 4 人。随着出版社人员的增加，长期与指导小组办公室挤在一起互相干扰，十分不便，出版社必须另找办公地点。当时出版社钱很少，要找像样的办公大楼根本不可能。经过几番奔波寻找，1995 年 11 月 15 日，终于在北京丰台区北铁匠营 108 号找到了方志出版社的办公地点。这是坐落在许多矮平房中的一套房子，属于街道办主管，有一间水房和七间大小不等的房间。这七八间作办公室比较适合当时出版社的情况，主要是租金便宜，每月只要 1000 元。房子租下来后，经过一番扫除，并购买办公桌、椅子、小床、书架以及各种办公用具，我还特地从外面弄来一块木板，用白漆涂上晒干，再在上面写上“方志出版社”五个黑体大字，并亲自挂在 108 号门口，终于使这里像个办公的地点了。它是方志出版社的发源地，也是方志出版社成长的摇篮。

地方志是一门专业性很强的学科。高等院校没有开设地方志专业的课程。地方志专业人才的不足，给草创中的方志出版社带来“先天不足”的不利条件。出版社一无住房宿舍，二无吸引人才的经济实力，办公条件太差，要招聘有一定水平的编辑人员是不可能的。我和郦家驹曾经想从大学毕业生中招聘，后来发现大学毕业生要在北京工作，接收单位必须有进京指标。出版社条件差，家在北京的大学毕业生不愿来，户口不在北京的外地大学生由于出版社没有进京指标，想来却来不了。出版社进不了人，进来的又留不住，这是个大问题。我与郦家驹几次商议，最后决定到离退休人员中去招聘编辑。这些老同志没有住房分配问题，不用医药报销，不用评职称，不用付养老保险金。而且他们工作经验丰富，编辑工作能力强，一到出版社就能开展工作。

草创中的方志出版社人员少，谈不上有什么制度，遇到了什么事就临时决定，慢慢才形成制度。草创时期出版社的审稿只有两审制，后来才实行三审制。出版社条件差、工资低，但每个人工作量大、任务重。不是“一个萝卜一个坑”，而是“一个萝卜多个坑”。一个编辑人员的工作，包括与客户洽谈联系，到合同协议的签订；从书稿书信的往来，到写出审读意见；从出版前委印单手续办理，到印刷费资金的管理；从书号条码的发放，到出版后样书的催缴。如果印刷由出版社承担的话，还要了解纸张品种，经营成本计算以及了解印刷厂的生产能力、印刷质量、印刷价格、出版周期，做到心中有“数”，不让印刷厂“漫天要价”。总之，一本志书从联系洽谈签订合同开始，一直到志书出版，其中的每一个环节，每位编辑人员都要“一条龙”包到底。这与其他出版社的编辑人员所负担的工作量是不能相提并论的。草创时期的方志出版社迫使每一个编辑人员学会各种“本领”，以适应当时工作的需要。

审稿质量对草创中的出版社来说是至关重要的问题，也是衡量出版社水平的重要指标。这些志书的字数，少则三四十万，多则上百万。一部志书在手，如何从头审起，如何能抓住关键，突出重点，这是审稿中首先必须解决的。根据志稿编纂的特点，每部志稿成书都经过编纂者的多次打磨，在文字语句上多加修饰，不会有多大问题。如果我们对数十万字的书稿作精读细审，进行一字一句的修改，费时费力，吃力不一定能讨好。但志书另一个特点是“众手成书”，政府中的各个部门各自为政，搜集的资料互相矛盾，数据各异，虽经主编统稿，也难免疏漏，出现各种“硬伤”。例如文中标题与目录、眉题不符；标题的字体、字号大小不统一；文中字距、行距不规范；标题与文中内容不切合，离题太远；编、章、节、目编纂体例不合理；历史纪年括注公元纪年不准确；同文中数据与表格数据各异，表格单一数据相加与表格合计数不符等。同时还要重点审读凡例、序言以及宗教、民族、统战、“文化大革命”、人物评价等敏感内容。编辑人员把主要精力放在审核志书的硬伤上，切中志书编纂过程中的要害，并通过实践制订《审稿须知》，能很快找出志书中的许多毛病，人人都成为审稿能手。

草创中的方志出版社经过三四年的打拼，出版了大量的志书。1995 年出版 50 部，1996 年 85 部，1997 年 130 部，1998 年 180 部，志书出版逐年增长，影响力日益扩大。在这 445 部志书中，有许多属于质量比较高的作品，引起人们的关注。

现凭我记忆，试举几例。《江永县志》是一部非常有特色的志书，其中的“女书”十分引人注目。所谓“女书”，是古老的江永地区长期流传的民间习俗，

妇女之间用一种秘密的文字，进行交流。书信往来被男子发现，由于不识“女书”，也不知书信的内容。妇女之间，互相习传，代代相传，流传至今。《江永县志》对“女书”产生的原因，“女书”在妇女之间交流的情况，“女书”的字体语句的列举等，都作了详细的介绍与叙述，引起许多古文字、古文献学者的研究，并出版了《“女书”辞典》与大批研究文章，也引起世界文化组织的关注。另一部是《大足县志》，对大足石刻的历史渊源、所遭受的历史劫难、石刻所反映的历史故事以及现存石刻的各种保护等都作了详细的介绍。尤其可贵的是志书编纂者以素描的形式，对石刻的全貌作了缩影，并配以图片，可谓图文并茂，很有特色。大足石刻是全国著名的旅游景点，是世界文化遗产保护单位之一。《大足县志》的出版，引起社会的极大反响。1997年，指导小组在全国举办“新编地方志优秀成果评奖活动”。方志出版社在短短两年出版的100多种志书中，有12部志书获奖，上述的《大足县志》就是其中之一。

草创中的方志出版社虽然身居陋巷简屋，人员稀少，但每一个人都怀着艰苦奋斗、自力更生的精神去创造业绩。凡是到过出版社的方志界朋友，无不被我们这种“白手起家”的努力所感动。有的同志撰文称，“我目睹了建社之初出版社同人在丰台区十分艰苦的办公条件下，为首轮方志出版辛勤耕耘的场景”。“就我接触到的方志界同仁，对方志出版社的一个共同感觉是：为人实在，干事实在”[①]。有的还说：他们编写的志书，“自认为成熟度比较高，但是方志出版社负责初审的责任编辑们，仍能提出不少中肯的修改意见和建议，包括帮助改正极个别未校对出来的错别字和错误标点；负责复审的同志则都能对初审意见进行审核、甄别，并都有或多或少的校正，还能在初审意见之外提出一些新的修改意见和建议。”“这些意见，对我们提高出版物的质

① 王志邦：《与时俱进，再创辉煌》，《中国社会科学院院报》2005年5月。

量和水平，避免一部内在质量好的书功亏一篑，起到非常重要的作用。”[①] 方志出版社以高质量的审稿水平受到广泛的好评，在方志界创出了品牌，站稳了脚跟。在全体创业人员的努力下，取得了较大的成绩，积累了三百多万元的资金，并购买一辆“捷达”牌小车作为员工上下班的交通工具。到北铁匠营三年租赁期满，草创中的方志出版社就开始另谋发展。

三 在困境中谋发展

1998 年 10 月 15 日，这是方志出版社一个喜庆的日子。就是这一天，我们从破旧的北铁匠营搬到了丰台区角门北路甲 8 院新居。如果说出版社在北铁匠营是为了求生存的话，那么到角门北路新居之后是为了谋发展。但是出版社在谋发展道路上并不是一帆风顺，而是困难重重。

新闻出版署规定，出版社必须对编辑、印刷、发行三个环节严加控制，其中任何一个环节“失控”，那就是买卖书号。这对方志出版社来说，要控制印刷、发行是非常困难的。新编地方志由“党委领导，政府主持，地方志编纂委员会组织实施”。这就决定了志书的出版，从印刷到发行，自始至终都是政府行为。从印刷来看。新编地方志是“官书”，出版经费由政府出资。政府部门出于“肥水不外流”的想法，大多找自己的下属印刷厂，或者找印刷费用低的印刷厂。方志出版社没有自办的印刷厂，北京地区的印刷成本较高，因此志书印刷绝大部分由各地政府部门自己联系。印刷经费由政府掌握，出版社对印刷是无法控制的。再从发行来看。新编地方志既然由政府出资，印刷的数量必须根据政府的需要而定，出版社无权干涉。这些志书出版以后，绝大部分由政府下文给有关下属部门或企业单位，规定购买或分发一定数量的志书，基本上是“自产自销”，出版社不可能越俎代庖来自办发行。

根据上述地方志编、印、发的情况，方志出版社触犯了“禁止买卖书号”的规定。方志出版社的特殊性与其他图书正常出版形式有所不同，始终贯穿

① 荀德麟：《深巷新酿香四溢》，《中国社会科学院院报》2005 年 5 月 20 日。

着政府的行为。方志出版社如果离开了政府行为，想通过发行获得经济效益，这是不可能的。新编地方志的特殊性，新闻出版署在“禁止买卖书号”的文件里一直把地方志列入“协作出版”之中，不作为“买卖书号”对待。如新闻出版署1989年〔295号〕文件明确指出：“地方志、党史资料可视为学术著作，如系协作出版不可查处。”1991年〔287号〕文件规定：“地方志可以在当地有关专业出版社协作出版。”

1998年，有人向新闻出版署告发方志出版社“卖书号”。1999年年检登记暂不通过。年检没有通过，也就不发书号了，许多约定的志书无法出版。出版社处于停滞状态。我们不得不跑断腿，磨破嘴，写报告，说情况，据理力争。终于在1999年下半年通过年检，整整折腾了半年多时间。此后又历经几次举报风波，新闻出版署图书司综合处要求出版社进一步健全制度，主要有三条：一是为了堵塞漏洞，出版社应派人去印刷厂直接监督；二是出版社在印刷方面要建立图书出入库制度；三是图书出入库制度还必须在资金账上有所反映。

出版社连遭三年“制裁”，不是被停发扣发书号，就是停业整顿，停业整顿的缘由是与安徽省地方志办公室签署《安徽省志》10种书出版合同，1999年安徽省志办要争当全国第一个完成第一轮省志出版任务的省份，以此向50周年国庆献礼，安徽省志办相关部门为完成任务，瞒着出版社用一部省志的书号印了多部省志，这种瞒着出版社的“盗用”书号行为害了安徽省志办，也害了出版社。出版社陷入困境之中。新闻出版署当时对盗版书籍屡禁不止，防不胜防。方志出版社在印刷方面的管理与措施，可谓十分严格，但对这种“盗用”书号也同样防不胜防。但不管怎样，出版社在印刷方面出现了“漏洞”。据出版社1999年财务统计，由于上半年没有书号，当年6月份的账户竟亏损65109元，实际留存金额降至177940元。出版社虽然遇到了上述种种困难，但必须在困境中谋发展。从发展角度看，出版社必须以出版各地志书为中心任务，不断提高图书编校质量，多出书，出好书。同时也要加强内部自身建设，健全各项制度。在努力完成这个中心任务的基础上，出版社还必须扩大出版范围，改变经营思想，适应时代潮流，在生存中谋发展，在发展中求繁荣。出版社为此作了一些努力：

第一是编辑人员的引进，2000 年，出版社引进李江、李占领、夏红兵等同志。李占领任总编助理并负责总编室工作，夏红兵任社长助理之职，李江来出版社后从事编辑工作。这三位同志的到来，使出版社的编辑人员增加为 7 人，再加上社外编辑人员，实力不断增强。到 2001 年，出版社筹建第二编辑室，公开向社会招聘 12 位编辑人员，全社编辑人员一度达到 26 人之多。

第二是制定出版社的各种规章制度。

随着条件的改善，人员的增多，方志出版社在工作中逐渐形成一套规章制度，例如合同制、审稿制、委印单制、税票管理等，为保证出版社工作顺利进行起到了积极作用。1997 年 11 月，出版社制定了《方志出版社人事管理条例》。2000 年，制定了《方志出版社工作条例》。到 2002 年 2 月，制定了《关于选题论证与审批的管理办法》《关于书稿档案的管理办法》《关于总编室的职责规定》《财务管理制度》等一系列制度。这些制度都是通过办社实践逐渐积累的经验总结，对出版社的发展起着十分重要的作用。

第三是提高编审水平，出版较高质量的志书。

方志出版社的审稿质量，得到方志界的好评，实行书稿“三审制”后，审稿水平有了进一步的提高，出版了许多质量较高的志书。《唐山市志》是我记忆深刻的一部志书。此书其中详细记录了唐山大地震的全过程，对震前的种种迹象，地震中许多灾民的口述，震后所造成的惨烈景象，政府在救灾中的各种措施以及唐山大地震后的重建等等，并配以各种图片。这是一部具有重要历史价值的实录文献。又如苏州五个小镇丛书的出版。在苏州工业新区开发中，原本五个小镇行政地区消失，为了抢救这五个小镇的大批历史资料，出版社派人帮助他们编纂与修改了这套丛书，填补了苏州工业新区之前的历史空白。

还值得一提的是关于《新编中国优秀地方志简本丛书》（以下称《简本丛书》）的编纂。众所周知，新编地方志部头大，价格贵，很难走向社会，面向大众。1997 年在全国志书评奖会议上李铁映同志提出，要从已经出版的志书中改编一套“简本丛书”。简本部头不大，价格不贵 ，携带方便，更有利于志书走向社会。方志出版社根据李铁映的指示，决定先从 178 部获奖志书中选取，编纂《简本丛书》。此书由指导小组副组长王忍之任总主编，具体组稿、编辑由李沛同志负责，很快就出版了《简本丛书》第一辑，共 8 部书稿，第二年又出版了第二辑。《简本丛书》的出版获得了社会的广泛好评。王忍之还从出版社要了两套，送给李铁映同志。这套《简本丛书》是出版社自主操作，扩大出版范围的初步尝试，并取得三十多万元的经济效益，尝到了甜头。

第四是编辑《新编地方志总目提要》。

受《简本丛书》出版的启发,进一步扩大出版的范围,出版社又编辑了《新编地方志总目提要》一书（以下称《总目指要》)。该书拟仿照《四库全书总目提要》的形式，将新编志书以条目的方式把内容概括在 3500 字之内，做到一书在手，可以纵览全国各地志书的概况，为广大读者提供大量的资料信息。该书由中国地方志指导小组常务副组长郁文同志主编，先从县志入手。通过《总目提要》的编辑,想要达到四大效益:一是有利于志书的应用,扩大影响力,收到较好的社会效益;二是全国两千多个县入编，每个县购买一部或两部《总目提要》，就有四五千部发行量，再加上全国图书馆及其他单位购买，经济效益相当可观；三是为了便于审稿，每县随条目附赠样书一本。两千多部志书是个不小的财富；四是把两千多个县的撰稿人登记在册，形成一个全国县级的联络网，便于今后调查问题，了解情况，有利于今后出版社的图书发行。

此书由赵慧芝同志负责组稿、编辑。我们还邀请小组办公室的傅能华、周均美同志协助审稿,编写“条目撰写说明”,撰写四个样稿供各地参考,又写了《征稿启事》,动员全社人员开出两千多张信封发往各地。《征稿启事》发出后很快得到热烈的响应，大量稿件与样书源源不断地寄来。到 1999 年底，据初步统计，共收到 900 多部志书条目与 900 多部样书。《新编地方志总目提要》于 2006 年 3 月出版面世。

第五是筹备出版社的“第二编辑室”。

政府出版志书的特殊性，决定方志出版社只能是低水平收入，因为我们服务的对象是政府部门，我们只能从政府计划拨款中取得微薄的收益。这些志书不可能像其他出版社出版的“畅销书”那样，获得丰厚的利润。为了改变出版社的经营方式，另谋出路，把专门出版各地志书的作为第一编辑室，开始筹备第二编辑室。第二编辑室的任务就是效仿其他出版社的经营方式，自己策划选题，自己组稿，自己编、印、发，力争出好书，出“畅销书”。2000 年 9 月 13 日，我们在《北京晚报》上刊登招聘启事，从 30 多位应聘者中录取 12 人，并进行一个月的培训，让他们熟悉地方志的性质与现状，同时也了解他们的编辑思路与工作能力。其实第二编辑室是大有可为的，我们可以编写有关方志的许多工具书;可以从全国两千多个县志中辑录或编写《全国土特产大全》《中华风俗通义》《全国名胜古迹概览》《中国民间谚语、顺口溜汇集》《中国六十年代人口变化分析研究》等书籍；也可以联系有关单位组织编写《中华百年老店》《中华老字号》《中国现代企业名人录》《中国现代著名公司企业概说》，等等。第二编辑室与第一编辑室两条腿走路，各有分工，使出版社开阔了视野，走出一条创新之路。我离开出版社后，第二编辑室解散。

第六是开办“方志书店”，建立发行部。

我们在 2000 年向工商管理部门申请开办方志书店的营业执照，出版社出资 20 万元作为书店的启动资金，并组成了一个团队。出版社又建立发行部，与书店是两块牌子一套人马，只是对内对外不同而已。从指导小组办公室调入章文同志担任书店经理，并出任方志出版社发行部副主任。书店与发行部成立后取得了很好的效益。

多年来，方志出版社在十分艰苦的环境下成长起来，同志们白手起家，努力奋斗，克服了种种困难，取得了很大的成绩。仅根据 2000 年的不完全统计，五年内共出版各种志书 565 部，创利 600 多万元，固定资产 180 万元，上缴国家利税 102 万元，流动资金 450 万元，入库图书 17000 多部，时值总码洋 150 多万元。原指导小组常务副组长朱佳木评价："出版社自 1994 年成立，在没有国家拨款的情况下，白手起家，艰苦创业，发展到现在这个规模，很不容易。""我们应该以历史唯物主义的态度去看待事物。一件事做起来有这样那样不足，但这件事从无到有，这就是最大的变化。""它可能存在一些问题，但是没有和有，这就是质的区别。你可以说一件事情有这样那样的好处，但是这件事情到现在还没有，这样那样的好处只是可能性，并不是现实性。你也可以说一件事情有这样那样的缺点，但这件事情有了，我们可以在有的基础上进行改进。所以，功不可没这句话不是客套话。"朱佳木同志对出版社这段带有哲理性的评价，是对我们这些创业者的最好肯定与鼓舞。

2002 年 11 月 11 日，这是我留在出版社工作的最后一个日子。在这天的告别会上，我与曾经一起创业的同事们说过这样一段话："方志出版社就像我们自己的孩子一样，看着它在我们手中逐渐成长。'天下没有不散的筵席'，我退了以后希望大家像爱护自己孩子一样爱护出版社，因为得来很不容易，要倍加珍惜，把出版社办好。"现在 20 年过去了，如果把我们在北铁匠营创业比作婴儿的话，那么方志出版社现在正是朝气蓬勃的青年。在此我衷心祝愿方志出版社兴旺发达，为地方志事业做出更大的贡献。

密切配合 精益求精 共同打造志书精品

陈 强 王 涛 广东省人民政府地方志办公室

《广东省志（1979—2000）》（以下简称《广东省志》）共43卷、3600多万字、分为33册，由方志出版社出版。2014年8月，《广东省志》在全国二轮省级志书中率先出版发行，至此，广东省第二轮修志任务宣告全面完成。同时，《广东省志》以优良的质量被国家新闻出版广电总局列入“十二五”国家重点图书出版规划，是迄今全国唯一入选国家重点图书出版规划的地方志书。中国社科院副院长、中国地方志指导小组（以下简称中指组）常务副组长李培林对此给予高度评价，指出：“广东省在全国率先完成第二轮修志任务，《广东省志》列入‘十二五’国家重点图书出版规划，取得了编纂进度和质量的双丰收，意义十分重大，在全国产生了广泛影响。”我们两人分别作为广东省人民政府地方志办公室主任和广东省人民政府地方志办公室省志处处长，参

与了《广东省志》出版全过程。我办与方志出版社密切配合，特别是方志出版社高度负责，认真审校，严格把关，精益求精，为确保与提高《广东省志》整体质量，特别是为《广东省志》入选“十二五”国家重点图书出版规划做出了重要贡献。

2011 年初，《广东省志》各卷陆续进入审查验收阶段，我们开始考虑《广东省志》出版问题。当时，我们清醒地认识到，由于《广东省志》分别由 150 多家省直与中央驻粤单位编纂，篇幅达 3600 多万字之多，尽管经过严格审查与反复修改，但如此大的篇幅且由“众手成书”，存在硬伤和不规范、不统一问题在所难免而且为数决非个别。这些问题不解决，势必影响《广东省志》整体质量。而解决好这些问题，需要专业、细致和实践经验，绝非我办和编修单位力所能及。同时，我们希望《广东省志》在2014年12月出版发行，向广东省新方志编修30周年献礼。因此，《广东省志》出版任务重、时间紧、难度大，我们寄希望于出版社——一家工作认真负责、实践经验丰富、专业水平与效率高、审校质量好的出版社，能解决好志稿中存在的硬伤和不规范、不统一问题，进一步提升《广东省志》整体质量，并确保如期完成出版任务。

据此，我们对省内外多家出版社进行考察与比较，最终选择了方志出版社。我们认为，方志出版社是中国社科院主管、中国地方志指导小组主办的全国唯一以出版地方志为主的国家级出版社。在方志界以把关严、质量高著称，出版了大量省市县综合志书和专业志书，具有丰富的志书出版经验。随后，我办组织对《广东省志》出版项目进行论证，专家们一致认为，《广东省志》由方志出版社出版是合适的。经省财政厅政府采购监管处批准，由省采购中心通过单一来源谈判方式，于2011年12月确定方志出版社为《广东省志》出版单位。时任方志出版社社长兼总编辑吴玉章、《广东省志》项目负责人李沛参与谈判。

之后，我办与方志出版社充分沟通协调、磨合，确定排版和版式等事宜。双方商定，为便于编校，提高效率与质量，由方志出版社在广州确定排版单位；统一卷、册装帧设计特别是多卷合一册出版的编排方式；明确时间、数量、计量单位、标点符号用法以及表格制作等规范要求。这些，都为之后的出版工作打下了良好基础。

2012年7月起，《广东省志》各卷陆续进入出版程序。由于各卷进度不大一致，因此，2012年仅有《总述》等7卷送出版，其余36卷主要在2013年下半年送出版，造成2014年出版压力非常大。2013年10月起，出版进入攻坚阶段。

之所以说2013年10月起出版进入攻坚阶段，是因为2013年10月中指组秘书长兼办公室主任李富强在东莞主持召开了《广东省志》出版工作协调会，明确了《广东省志》各卷送出版和方志出版社完成编校的时间。而恰好在这个关键时刻的前夕，2013 年 8 月冀祥德同志被任命为方志出版社社长兼总编辑，我们两人和冀祥德社长参加了出版工作协调会，双方就密切配合，共同做好《广东省志》出版工作达成一致意见。

之后，在冀祥德社长领导下，出版社采取了一系列科学有力的措施，包括制定切实可行的出版计划与科学的工作制度，明确质量与进度要求，加强编辑力量，落实分工与责任，建立激励机制，强化管理和督促检查等。冀祥德社长亲自抓出版质量与进度，定期检查督促，及时解决出版过程中的问题，并加班加点，亲自审稿。为加强双方工作沟通，我们多次到出版社，每次冀祥德社长都亲自出面，共同商量，及时解决工作中的问题。他那种严谨的工作态度、科学的管理方法和果断的工作作风，都给我们留下了深刻的印象。东莞会议后，《广东省志》出版工作出现了新局面，在确保质量前提下，出版进度明显加快。《广东省志》43 卷、33 册如期完成出版程序，确保了《广东省志》按期完成印刷，向广东省新方志编修 30 周年献上了一份厚礼。

在《广东省志》出版过程中，尽管任务重、时间紧，但我办与方志出版社始终高度重视质量，坚持质量为先，密切配合，一刻都没有放松对出版质量的要求。方志出版社更是严格把关，精益求精，统一体例，规范文字，核实资料。为了确保质量，不厌其烦，反复修改，以其高超的专业水平和严谨的工作态度,很好地解决了志稿中存在的硬伤和不统一、不规范问题。按合同，出版阶段每卷必须经过三审三校。实际上，只要发现志稿仍有问题，就再审再校，直至发现的问题全部解决为止。全志 43 卷，仅《教育卷》为三审三校，其余 42 卷全部超过三审三校，《体育卷》《农业卷》和《总述》等 12 卷更是达到八审八校之多。又如《军事卷》，编修单位坚持在志稿中设军事人物篇。该卷责任编辑提出，既然全志已设《人物卷》，军事人物已在其中记述，而其他卷也没有设人物篇，《军事卷》就不应再设军事人物篇。我们认为出版社的意见很专业也很有道理，便与编修单位协商，取消了军事人物篇，避免了交叉重复，保持了全志的一致性。在《广东省志》出版过程中，方志出版社全体编辑人员表现出高度负责的工作态度、对志稿的宏观把握和解决具体问题的能力，体现了方志出版社高素质的编辑队伍、科学的管理制度和地方志出版的专业优势。

质量是地方志的生命，而出版是保障地方志质量的最后一道重要关口。一些志书出版后之所以仍存在不少不应该出现的质量问题特别是硬伤问题，出版社责任心不强，把关不严格、不专业是一个重要因素。有的志稿质量基础本来就很好，如果再经过出版社认真审校修改，就是一部质量上乘的志书。但如果出版社不负责任、把关不严，甚至流于形式、只收费不审校，志书质量不仅没有提升反而下降，就会功亏一篑。这种教训，在广东省一轮志书中就时有发生。《广东省志》出版实践使我们体会到，要确保地方志质量，必须找负责任、水平高的出版社。好的出版社，可以在出版环节发现和解决志稿中许多硬伤和问题，把好质量关，进一步提升地方志质量。中国社科院院长、中指组组长王伟光在第五次全国地方志工作会议工作报告明确提出，要“建设全国地方志专业出版基地”。这是保障和提升全国地方志质量的重要举措，非常正确，有利于落实、完成国务院办公厅《全国地方志事业发展规划纲要》中提出的“深化地方志质量建设”任务。我们高兴地看到，冀祥德同志在担任社长以来的两年多时间里，花大力气抓队伍建设和科学管理，方志出版社的人员素质和管理水平都有了质的提升。同时，有中国社科院一大批专家为其后盾，可以根据需要随时参与地方志审校工作。从《广东省志》的出版实践和方志出版社近两年的发展来看，方志出版社的队伍素质、管理水平、实践经验、专业水平和发展前景，都能担当起建设全国地方志专业出版基地（简称出版基地）的重任，我们对方志出版社在确保全国地方志质量中发挥更大作用充满信心。我们认为，出版基地的建设离不开全国各级地方志工作机构的支持和参与。而出版基地建设好了，全国地方志质量就有更加可靠的保障。因此，建设出版基地不仅仅是方志出版社的责任，也是全国各级地方志工作机构的共同责任。无论从落实中指组的工作部署考虑，还是从确保本级地方志的质量考虑，全国各级地方志工作机构都应该主动和积极支持方志出版基地的建设。特别是全国大多数二轮志书出版在即，出版基地建设的责任与意义更加重大。

我们共同走过
——忆与方志出版社合作的黄金十年

苏炎灶　福建省地方志编纂委员会

方志出版社成立20周年了。虽说往事如烟，但与出版社从成立初期开始长达十年的合作往事至今我仍历历在目。在合作之前，就已听说成立了方志系统自己的专业出版社，方志界对此寄予厚望。让我们感到非常高兴的是，出版社成立之后选择第一个开展全面合作的省份是福建省。也正是这次合作，造就了福建省志书出版与方志出版社全面合作的黄金十年。

一、商议合作

1995年春天，方志出版社首任总编辑李祖德、中国地方志指导小组办公室主任助理高延军亲临福州，与福建省地方志编纂委员会主任刘学沛商谈志书协作出版合作事宜。我全程参与了有关合作协议内容的讨论。这次讨论是在充分信任、相互理解的气氛中进行的，所有重要条款都达成共识。主要包括以下几项内容：一是关于保证志书质量问题。双方都高度重视志书出版质量问题，达成双方共同努力，确保志书出版质量符合图书出版质量要求，力争多出精品志书的共识。商定志书出版质量由双方共同负责、以福建省方志委为主的原则，但按国家管理规定，终审权在方志出版社。二是方志出版社保证福建省志书出版所需书号，至少每年 20 个书号以上。福建省对全省志书出版实行统一管理，力争使全省三级志书都能在方志出版社出版，方志出版社在福建的出版工作，统一委托福建省方志委负责，不单独与其他编纂单位联系。三是双方商定了志书出版管理费收取标准。方志出版社分别按市县志（大）、省志（中）、部门志等（小）制定了三种不同的收费标准，明显优惠于其他出版社收费标准。四是为节省印刷费用，方便与编纂单位联系，方志出版社同意统一由福建省方志委代为联系志书印刷厂，并对出版社负责，监督印刷质量,严格把关。五是福建省方志委同意出版资金实行“体内循环”，即全部出版经费（包括印刷费、审稿费、稿费等）汇入出版社账户，并依法纳税，再由出版社按双方商定的用途核拨或发放。六是福建省方志委同意志书出版后，每一部图书均向出版社提供 31 部样书。除此之外，双方对未来运作中的一些细节，如编辑署名、资金如何到位、书号申请、出版社终审时间等，都尽可能详尽加以研究，达成一致，为以后成功运作奠定了基础。

双方根据这次讨论所达成的共识，形成了一个协议初稿。回去后，由各自单位对这个协议初稿再次进行研究，并作出决定。福建省方志委党组、方志出版社对这个方案都很满意，双方没有再做什么实质性修改，然后由李祖德总编辑代表方志出版社、刘学沛主任代表福建省方志委签署了协议。

二、具体运作

1995 年 5 月，根据这个协议，福建省开始对志书出版实行统一管理。为了实际运作需要，福建省方志委党组决定成立志书编辑处，全面负责志书出版管理工作。我受命兼任首任志书编辑处处长（十年一直是内设机构，直到参照公务员管理后核编，才正式有编制，但此时合作已中止），负责协作出版全流程的组织工作。现在回想起来，当初，无论是省方志委党组，还是我自己，都对此项工作的工作量与艰巨性认识不足。当时的想法比较简单，因为正处福建省首轮修志出版高峰，联系出版书号比较困难，尤其是老牌出版社，需要找熟人、找关系才能搞到一两个书号。原先我们以为是国家对书号控制很严的缘故，后来经过仔细了解才知道，出版社给编辑安排书号，除了政治标准，要多出精品、档次比较高的图书之外，还有两项具体业务指标，一个是文字工作量，二是图书出版后的利润指标，并与个人收入挂钩。志书体裁内容不错，但只能作为调节品种，原因也不单纯是赚不赚钱，还因为志书内容涉及百科，质量难以把握，文字工作量又过大，出志书对出版社来说是费力不讨好。再加上各个出版社编辑规范不统一，编辑对协作出版图书的责任也未明确，所以，前期出版的几部省志分志，质量参差不齐，标准也不统一。能与方志出版社建立长期合作关系，既满足志书出版对书号的迫切需求，又能对出版实行统一管理，以保证质量，所以我们非常乐意这次合作。

协议签订以后，我们首先以省方志委名义下发通知，要求把三级志书纳入与方志出版社协作出版范围，由省方志委统一管理；同时，走访在福州的福建几家省级出版社，了解审稿制度、编辑规范、印刷管理等有关业务工作情况，在此基础上制定《福建省地方志编纂委员会关于志书编辑出版工作的暂行规定》，对“三审”、录排、校对、编务等岗位责任，运作程序、编辑规范、奖惩办法等，都作出了具体规定。运作不久，又作补充修改，特别是在校对环节，增加了审读岗位，着重检查责编执行编辑规范情况与书稿存在的硬伤，并对差错情况加以登记、公布，对责编进行考核，收到良好效果。

在具体运作过程中，我们根据需要建立了三个管理子系统：一是负责审稿的编辑、复审、委内终审“三审”编审系统；二是负责志书排版、校对的电子录排系统，即把原属印刷厂录排、校对工作，由省方志委组织力量自己承担，以实现对志书印刷过程中关键环节的质量控制，同时，也方便作者在校稿时可以对资料进行进一步核实、修改，既有利于提高志书质量，又不必多支付修改费用，节约出版成本；三是负责编务的工作系统，具体负责“三审”过程中的稿件登记、流转，对录排系统中稿件流转跟踪、校对安排登记，与出版社、编纂单位、印刷厂联系处理相关业务（签订出版合同、资金拨付返还、书号申请、印刷事务）等。

在整个协作出版管理工程中，我感到难度最大的，就是如何保证志书出版质量。为了保证志书质量，每部志稿在送方志出版社“三审”前，我们也严格“三审”。头一年，“三审”安排，复审都由编辑处负责，省志处、市县辅导处只负责交付出版志书的责编工作，造成编辑处工作负担过重。1996 年开始改为复审由相关处自己负责。为了保证审稿质量，我们建立了以责任编辑为主的负责制，复审、终审过程中如发现稿件问题比较多的，就退回责编重新加工处理；比较严重的，调离编辑岗位。在稿件录排环节，对录排员要求严格，校对中发现差错多的，即予以辞退；同时，安排多个环节校对，以确保付印版本质量，包括：初校、二校、作者校、责编校，在以上各校修改后，均安排校红，以防止错改、漏改，在以上校对之后，对付印前稿件安排一次全文审读，审读发现的差错，登记后复印公布，并与责编报酬挂钩，发现不合格的或有重大差错的，复审、终审负连带责任。为避免最后电子文本与 PS 版不一致，我们还安排专人负责付印清样与 PS 版复核校对，防止动版、错版现象发生。由于各个环节严格把关，十年中，我们组织出版志书、年鉴等，无一发生责任事故。

三、合作成果

记得当初在讨论协议时，刘学沛主任曾对李祖德总编辑说：“志书质量您尽管放心，我们将会成立一个编辑处，专门负责这项工作，并把它当成方志出版社的一个编辑室”。如今回头一望，这个志书编辑处所做工作，并不单单是一个编辑室，其工作性质与工作量俨然是一个没有出版权的出版社，而且还替印刷厂承担了责任最重的录排、校对工作，有关志书内容的质量问题完全由福建省方志委和方志出版社承担，印刷厂不负任何责任。尽管责任重大，任务繁重，工作辛苦，但我们始终认为，与方志出版社合作是非常成功的，成果丰硕，是福建省志书出版的黄金十年。

十年中，外部环境有很多变化，实际运作过程中有些问题双方协议没有明确规定，有些原先虽规定了的，但由于条件改变了，已不适用，需要加以调整。对于这些问题，双方都是本着实事求是、相互理解的原则进行处理，通过口头协商解决，从未出现争议。比如，方志出版社承诺保证福建省志书出版对书号的需求，但随着出版社业务不断扩大，福建省出版业务量也不断增加，有的年份书号无法完全满足需要，方志出版社就同意福建省联系其他出版社开展合作；原先出版管理费虽有明确规定，但随着时间变化，当方志出版社提出要适当提高时，福建省方志委立即同意出版社采用新的收费标准；关于资金到位问题，原先商定资金必须全部到位后才能申请书号，但有的市县志由于资金用量大，需要分年度支付，不能做到一次到位，出版社同样及时申请书号，不耽误出版进度。出版社同意我们在我委责编审稿时，同步送出版社审稿，为出版节省了许多时间。而这样做给出版社审稿增加了不少工作量，审稿人员非常认真，都能按照计划时间，完成审稿，提出修改意见。我们非常感谢方志出版社一直分管福建省出版业务工作的李沛同志，处处为我们着想，可以说有求必应，千方百计为福建志书出版提供方便，为十年黄金合作写下了精彩一笔。

十年合作，双方都取得丰硕成果。

方志出版社成立之初，与福建省建立了全面合作关系，不仅迅速进入“角色”，而且依托福建省方志委专业人员多的优势，弥补开办时技术力量的不足，很快出版一批成果，逐渐增强实力，不断扩大影响，得到方志界的认可，在出版界也提高了知名度。

福建省方志委通过这种合作更是收益良多。一是福建省首轮志书出版把关最严、质量最好、速度最快。当时，正值首轮志书出版的高峰期，由于与方志出版社的长期稳定合作，委内成立了专门管理机构，建立了从审稿、录排、校对、印刷“一条龙”的质量保证体系，对志书出版质量层层严格把关，达到快出书、出好书的预期目标。十年中，除了第一年10部外，其他年份每年平均都在20部以上，而且有许多多卷本的志书，全省9个设区市（含原地区）有8部志书是这个时期出版的，总字数就达4730多万字，平均每部近600万字。二是锻炼培养了一支修志骨干队伍，由于高强度编辑审稿实践，大大提高了业务人员的专业技术水平，到2004年，全委业务人员全部获得副编审以上职称，其中6位先后被评为编审，这些人员都成为二轮修志的骨干。三是组织大量志书、综合年鉴出版工作，也提高了地方志在福建省出版界的地位。从2002年开始，福建省出版系统副编审职称评委会中，专门设置地方志学科组，6名评委中，地方志系统占4名；在编审评委会中，17名评委，原来只有1名地方志系统评委，增加到2名。四是这个时期出版的志书、年鉴、部门志、旧志点校本等都是我们自己组织录排的，这些电子版为后来福建省情资料库网站建设提供了方便，大大加快了福建省地方志数字化建设步伐，后来居上。此外，在出版管理费（因为出版社让利）、印刷费用（因为经过审核把关）方面也有很大节省。

四、未来之梦

回忆与方志出版社成功合作的黄金十年，我感到最重要的在于合作双方相互信任、相互理解、相互尊重。如前所述，双方自1995年签订协议以后，在执行中有许多与原协议不完全相符之处，但双方都能本着相互谅解的精神，在电话中口头协商，没有纠缠原条款规定，也没有重新修改协议就解决了，合作非常愉快。特别令人感动的是，2005年在福建省方志委最困难的时候，方志出版社在福建召开成立十周年现场会，给我们很大鼓舞；2006 年初，时任方志出版社社长李富强、副社长陈海力、副总编辑张大伟专程来福州帮助我们，使我们倍感温暖和长期合作所凝成友谊的珍贵。

由于种种原因，福建省与方志出版社这种协作出版模式中止了。后来采用全权委托出版社出版的形式，福建省方志委开始与别的出版社合作，志书质量完全由出版社把关，省方志委只负责省志各分志成品验收，由于出版社不是专业出版志书的出版社，已造成多部志书不合质量要求而重印，出版费用也比原先高 20% 左右。我个人认为，要保证志书质量，必须建立两个质量保证体系：一个是编纂过程中的质量保证体系，另一个是出版过程中的质量保证体系。而后一个质量保证体系，在我国现行的出版管理体制框架内，仍只能采取协作出版的形式。但是，每部志书少则几十万字，多则 100 多万字或数百万字，出版质量完全推给出版社负责是不切实际的，也许福建省与方志出版社黄金十年协作出版的模式可提供一些借鉴。以福建省为例，原计划三级志书近 200 部，按 20 年 修一次，平均每年 10 部，加上全部开编综合年鉴，并要求公开出版（即使不是全部年年出版），每年至少 30 部以上，这样的工作量哪个出版社可以承担？又由谁负责出版质量把关？我想是否可以采取这样办法：各省成立专门负责志书出版的处室，专门负责出版质量工作，这个机构受双重领导，业务上相当于出版社的一个编辑室或工作站，对交付出版志书的审稿、录排、校对，直到成品，实行全过程质量控制。这样，也许对保证志书出版质量会起一些作用。“不在其位不谋其政”。方志出版社成立 20 周年，请我回顾共同走过的那段合作经历，于是突发此想法，权当是一个梦想吧！

我心目中的方志出版社

贾大清　杭州市人民政府地方志办公室

时间飞逝，转眼间，我到地方志系统工作已有 10 多个年头了。编纂地方志书和综合年鉴，以及其他地情书籍是地方志工作的重心，这些书籍既是记录当地行政区域内自然、经济、政治、文化和社会历史与现状的重要文献，也是传承中华民族传统文化的特有载体，更是中华民族特有的文化传统。为了记录好杭州的改革史、发展史和探索史，延续好杭州悠久的历史文脉，10 多年来，在历届杭州市委、市政府领导的重视和关心下，杭州市地方志工作取得了显著成绩，硕果累累。在这过程中，我们与方志出版社建立了良好的合作关系，结下了不解之缘。

方志出版社创建于 1995 年，是全国唯一一家出版地方志类图书的专业出版社。因为唯一，所以专业。在与其合作过程中，首先对自己的工作和业务是有力的促进。方志出版社拥有一支受过高等教育、学识广博、充满集体凝聚力的编辑队伍，特别是有一批中国社会科学院各学科的老专家、学者参与其中，具有很高的专业水准。俗话说，隔行如隔山。当我从其他行业转到地方志系统工作时，编辑出版工作是个全新的领域，外加作为一方之实录的地方志的特殊要求，这是个不小的挑战。所幸的是，让我遇见了方志出版社这样专业的出版社。从志稿初稿交出，到编辑加工，再到复审和终审，出版社都给予细心指导，反复修改，层层把关。因此，10多年来，方志出版社可以说是我的良师益友，我从那里学到的不仅是大量的专业知识，更多的是规范的工作程序和精益求精的专业精神，够自己受用一辈子。

其次，在与其合作过程中，我深深体会到方志出版社是个团结的、务实的团队。一个团队人不在多，关键是要心齐，是要团结。目前出版社有史志编辑部、综合编辑部、社科编辑部总编室、办公室、出版部、发行部等部门，作为全国唯一一家出版地方志类图书的专业出版社，部门和人员都不算多。改革开放以来，在党中央、国务院的高度重视下，全国掀起了两轮方志编纂的热潮。据不完全统计，全国新编省、市、县三级志书7000多部，行业志、部门志、山水寺庙志、专题志、乡镇村志20000余部，地方综合年鉴1700多种、数万卷。这么多地方志成果的涌现，其出版业务量是无法想象的。如果没有一支团结的、务实的队伍，就无法保质保量完成其工作。因此，全国地方志之所以取得如此辉煌的成就，其中自然有方志出版社的一份功劳，这与其各部门之间的密切配合、相互协作、务实高效是密不可分的。

第三，在与其合作过程中，我深深体会到方志出版社是个善于合作、值得信赖的团队。在这十几年的合作过程中，方志出版社深入贯彻为地方志服务的办社宗旨，始终坚持精益求精、开拓创新的工作精神，秉承高质量、高效率、全方位的专业出版服务理念，所出志书以专业性强、质量好、装帧精美而著称，在一定程度上代表了我国新编地方志的出版水平。我市第一轮志书编修，共出版市、区、县（市）两级志书12部，市级专业志、部门志41种，市属厂志10种，区级专业志、部门志、街道志、村志8种；市属各县专业志、部门志、镇志、村志150多种。出版综合年鉴8种；部门年鉴20多种。有近三分之一的志书、年鉴是在方志出版社出版的。二轮修志中的《杭州市志》《采荷街道志》《四季青街道志》《杭州市水利志》等，以及《杭州历史大事记》《杭州市支援四川抗震救灾和青川灾后恢复重建志》《杭州：辛亥革命百年图志》等地情书也都是在方志出版社精心指导下、保质保量出版的。

忆昔看今谋发展，策马扬鞭向未来。乘着改革开放的春风，方志出版社走过了不平凡的20年。如今，在党的十八大精神的指引下，社会主义文化事业正迎来大繁荣大发展的时代，全国地方志事业也呈现出欣欣向荣的景象。在此，真诚祝愿方志出版社的明天会更好。

那一年，我在基层修志

于伟平

1987 年我大学毕业，即到新疆维吾尔自治区地方志编纂委员会工作，成为新方志编修队伍中的一员。刚参加工作时，对方志的认识，仅仅来自于校园内读过的一两本古籍，对于修志工作的认识也只是感觉这份工作和所学专业对口而已。

1991 年，为了响应国家关于党政机关新就业大学生下基层锻炼的号召，我来到米泉县地方志办公室锻炼一年半。同一批到米泉县锻炼的还有自治区政法委的一位女同志，她是到米泉县政法委去锻炼的，我们俩刚好做伴儿。虽然将要离开家一年半，并且儿子刚刚两岁，但是我还是怀揣一颗兴奋的心出发了。

当天我们乘坐汽车到了米泉县委大院，眼前是一栋十分气派的县委办公大楼，当接待我们的县委办公室的同志从高高的台阶走下时，我心里顿时一个念头闪过："在这里锻炼一年半，还是很舒服的！"。然而，之后的事情却完全不同我的想象。先是同行的伙伴被领进大楼，而我则被领向大楼东侧一栋土坯平房。这栋平房，严格来讲其实是半栋，另一半因为南侧正在盖新楼挖地基，已经削去了一半。我跟随前来迎接我的米泉县志办主任李学华进入这个半栋土坯平房。进入平房内才知道，其中尚存5间办公室，县志办只占了一间。进入这间办公室，虽已有些思想准备，但眼前的景象还是让我有些吃惊。一间十多平方米的办公室内，整齐摆放了5张桌子，最前一排是留给我的。屋内暖气滴答滴答漏着水，已经浸湿大半个地面。因为是土质地面，所以屋内已成泥泞。地上隔一间距摆放了一串砖头，后排的人须踩着砖头才能到达自己的座位。眼前的情景让我眼睛一热！触动我的不仅仅是这艰苦的工作环境，还有这青灯黄卷之间4位鬓染霜华的志办同事，他们把这间泥泞的办公室内最好的座位留给了新来的我。接下来，一位退休返聘的老同志从自己用过的一个很小的药瓶里取出茶叶，弓着腰给我倒茶的情景至今深深地留在了我的脑海里。

县志办条件艰苦，然而这艰苦造成的失落心情很快就被紧张充实的工作内容所冲淡，甚至随着后来有趣的事一件一件发生，便烟消云散了。

县志办是个温暖的大家庭。当时《米泉县志》正处在初稿撰写阶段，每个人各有分工，一边收集资料，一边撰写初稿。我分工撰写人口篇的部分内容。平时大家安安静静地研究资料，撰写志稿，遇到事关全书的重大问题，李主任便招呼大家一起讨论商量，有时还会有激烈的争论。印象比较深的一次争论是关于米泉县第一个牛奶厂入志的问题。由于收集到的资料太少，在大事记中记录一条尚可，若记入正文则资料有限，无法展开。如何处理？牛准老师慷慨陈词，认为牛奶厂建成，虽然规模不大，但是解决了百姓吃上安全卫生牛奶的问题，事关民生，就是大事，正文不能不记！资料必须再进一步收集和挖掘。最后，争论的结果是继续深入查阅档案和走访相关人士。这件事给我的深刻启发就是，修志人应当秉持正确立场和时刻勿忘其责任担当。

大家在一起工作，氛围不光是这么严肃紧张的，也有轻松愉快的时候。杨洁老师是个平反了的老“右派”，很有学问。他修志之外，业余时间还替人写状子。那个时候，限于条件，没有打字设备，他写的状子都是亲手用毛笔誊写的，清秀的字迹至今历历在目。他还会讲很多鬼怪故事和上个世纪流行的手抄本惊悚故事，常常在清苦的工作环境里，让大家放松和愉悦。所以，这一年半，虽然身居土坯宿舍，锡纸编成的屋顶棚里老鼠夜夜“欢歌”，短跑、长跑闹个不停，但随着时间的推移，我竟也能由最初的惶恐不安逐渐适应，并将其变成孤单中温馨的陪伴。至今回想起来，这段时光是那么的珍贵！

一年半的锻炼时间很快结束，刚一回到原工作岗位，就得知李学华主任在前往南疆开会途中遇到抢劫，腿部被刺一刀，引发了脉管炎。他住院期间仍然身边带着志稿，不忘修志人的光荣使命。

这就是我有幸结识的基层修志人。如今，每当我手捧志稿，字里行间，无处不闪烁着他们乐于奉献、辛勤耕耘的身影。对于出版工作，我欣赏这样一句话：“你从不用推出编辑，你只需要推出书籍和作者”（杰奎琳·肯尼迪语），这正好契合那一年我在基层修志所得到的人生感悟。

走专业化特色出版之路

张大伟

时光荏苒，方志出版社一晃已经建社 20 年了！回顾建社以来的发展历程，出版社从建设初期的几个人发展到如今的近 50 人，人员增加了，业务量也随之增大。出版社成立初期一年出版几十本，如今增加到近 400 本。出版社从成立伊始始终坚持以志书出版为主业的专业特色发展道路，紧紧围绕全国第一轮和第二轮志书出版这个工作着重点，抓住时机不断发展壮大出版社的实力，社会效益与经济效益取得了双丰收。

努力突出图书出版特色

方志出版社成立之初，即明确定位为全国地方志的出版工作服务，并以此作为我社选题立项出版的基本特色和出发点。多年来，出版社一贯坚持不懈沿着这条道路发展壮大，取得长足的进步。在全国第一轮志书编纂出版工作已经接近尾声及第二轮志书的编纂出版工作启动的情况下，由于二轮志书类图书尚未进入集中出版阶段，造成出版社的志书出版数量相对下降。为了贴近出版社的选题定位，出版社相应做出选题项目的调整，按照主题出版的思路，及时策划和开拓全国省、市、县三级综合年鉴的出版选题，从而补充了两轮志书编纂之间的选题出版空位。实践表明，不失时机地调整图书出版选题结构，充实专业出版选题内容，为出版社进一步发展奠定了社会与经济基础，积累了特色出版的实践经验和项目资源，项目选题的客户指向更加明确。

实践证明，出版社的发展方向完全符合国务院颁布《地方志工作条例》的规定。在《条例》第三条中明确界定了地方志范畴，即包括地方志、地方综合年鉴两类。可以说，出版省、市、县地方综合年鉴既扩展了出版社的选题立项范围，又极大地丰富了出版社图书出版品种，为出版社开辟了新的经济增长点。

与此同时，出版社又先后策划了与地方志密切相关的地情资料等选题，作为专业出版主流产品之外的补充，切实起到了遗失补缺的作用。在选题论证立项过程中，地情资料的选择相当关键，出版社明确规定必须具有辅助地方志编纂与出版的地情资料才能被列入选题论证项目中。以此为标准，出版了相当数量的专业志、行业志、部门志及与志书编纂相关的专著、工具书和论文集，形成了以地方志为出版特色的专业化出版社发展之路。

加强选题策划、提高选题质量

出版选题是出版社生存与发展的重要保障。为此，出版社牢牢抓住选题论证立项中的两个基本原则：一是政治导向原则，即选题内容必须符合党和国家对图书出版的政策管理；二是核心品牌的价值原则，即以拳头或精品图书产品为核心，以系统性、规模化为特色的图书产品作为基础的品牌图书产品集合。由于定位主要以志书出版为品牌价值的核心，以此树立图书产品集合和品牌形象。从而确立了出版社的专、精、特选题项目的出版模式，其着力点是培养编辑的专业选题策划能力，表现在如下几个方面：

第一，努力掌握图书信息，准确把握读者定位。项目编辑详细掌握图书信息是为了进行市场细分与定位，在立足出版社自身实力和资源优势的前提下，根据对图书市场的分析和论证做出目标判断。

第二，挖掘潜力，优化选题资源。作志书、年鉴、地情资料的专业化选题策划编辑，选题重点要放在出版内容和内在质量等方面上，确保出版社专业选题资源的可持续性。

第三，加强选题设计与选题计划的实施，出版精品图书。按照一本书一个选题设计，要求项目编辑制定切实可行的选题计划。经过 20 年的发展，出版社的选题出版的项目逐步得到读者认同，实现了图书产品规模化、品牌价值稳步增值和产品系列化的目标。

图书选题策划作为出版活动的重要环节，要求选题应有创意和创新，编辑要克服因循守旧思想，发挥积极性、创造性，不断开拓专业出版选题新领域。

第四，出版社在充分发挥项目编辑策划选题能动性的基础上，通过选择新的出版视角，设计和采用了一批具有方志出版社特色的出版选题。出版社选题策划的质量逐年提高，出版品种不断增加和完善，选题结构逐步趋于合理，拓展了专业出版的空间。

第五，抓住重要的选题资源，延伸产品出版线。例如为了庆祝中国社会科学院建院 30 周年，出版社承担了院庆获奖图书的出版工作，编辑出版了以《清代全史》（十卷本）为代表的 25 本院文库和近 20 本院属各研究所文集图书，取得了较好的社会效益。此外，由方志出版社编辑出版的《学问有道》院学部委员访谈录一书，院内外影响较大，社会反响非常好。可以说，出版社取得的这些成绩，都是扎实走品牌图书出版之路的结晶。

科学规范化管理见效益

遵照国家发展文化产业政策的要求，以繁荣图书出版事业为契机，努力适应出版改革发展形势的需要。通过加强出版社内部管理、完善出版机制、规范出版操作流程等科学管理方式，提升了出版社的专业出版影响力和竞争力，同时也促进了出版社职工思想建设和工作水平的提高。

出版社实施科学管理的主要举措是以“出精品、创品牌”为目标，通过创新出版管理方式方法，按照“科学分工、量化管理、成本核算、超额奖励”的原则，制定出版社的改革与发展规划，在实施规划过程中把工作着重点落实在特色出版的每项工作的环节上，优化出版资源，向科学规范管理、创新出版管理要效益，实现了项目出版的效益最大化。

目前，突出专业出版特色已成为方志出版社发展的根本选项。今后，出版社在做好特色出版这篇文章过程中，将继续深入探索新的发展模式，进一步促进出版社的社会效益和经济效益的双提高。

伟大时代 光辉岁月

——贺方志出版社成立二十周年

李 沛

瞧瞧我们的眼睛、看看我们的头发，我们是从《山海经》里走出来的黑眼睛、黑头发的中国人，勤劳智慧的中国人民创造了博大精深的中华文化，为人类文明进步做出了不可磨灭的贡献。我们骄傲我们中华民族具有5000多年连绵不断的文明历史，“国有史，邑有志”，我们骄傲我们有《史记》《汉书》《后汉书》《三国志》等廿四史，我们也骄傲我们有《尚书》《周礼》，我们有晋之《乘》、楚之《梼杌》、鲁之《春秋》，我们有《吴越春秋》《华阳国志》《九江志》《蜀志》，我们有《元和郡县图志》《太平寰宇记》《元丰九域志》，我们还有《润州图经》《夷陵图经》《茶陵图经》《岳州图经》《邵阳图经》《湘阴图经》《汉阳图经》《夔州图经》《沙州图经》《西州图经》和《开宝诸道图经》《祥符州县图经》，我们有乾道《临安志》、淳祐《临安志》、咸淳《临安志》，我们有乾道《四明图经》、宝庆《四明志》、开庆《四明志》,我们有淳熙《三山志》,我们有嘉泰《会稽志》,我们有嘉定《赤城志》、嘉定《镇江志》,我们有景定《建康志》、咸淳《毗陵志》,我们有《吴兴志》《剡录》《严州图经》《澉水志》《吴郡志》《云间志》《玉峰志》《玉峰续志》《仙溪志》《临汀志》《寿昌乘》《新安志》《雍录》等等,我们更有《大元大一统志》《大明一统志》《大清一统志》,史与志记述了中国辉煌璀璨且绵绵不绝的文明。

公元 1995 年春天，方志出版社的奠基人、历史学家李祖德先生走向八闽大地和福建省地方志编纂委员会主任刘学沛先生历史性握手，开创了地方志有专业出版社出版新时代，以省志出版为例，方志出版社在第一轮修志高峰中先后出版了福建省志系列、江苏省志系列、安徽省志系列、四川省志系列、浙江省志系列、河北省志系列、江西省志系列、贵州省志系列、宁夏通志系列等。第二轮志书启动至今,方志出版社出版二轮《安徽省志》《四川省志》《广东省志》《广西通志》《海南省志》,因广东省是中国改革开放的一面旗帜，冀祥德社长特别指示《广东省志（1979—2000）》申报“十二五”国家重点图书出版规划,《广东省志（1979—2000）》2014 年在全国率先出版，2014 年 7 月 29 日，国家新闻出版广电总局办公厅发出关于调整《“十二五”国家重点图书、音像、电子出版物出版规划》的通知，将《广东省志（1979—2000）》列为《“十二五”国家重点图书、音像、电子出版物出版规划》增补项目。《广东省志(1979—2000)》成为全国唯一一部列入“十二五”国家重点图书的省志。

从方志出版社的创建者李祖德总编辑开始，经夏经林社长、李富强社长、周均美总编辑、吴玉章社长、冀祥德社长的完美接力，今天方志出版社进入大发展阶段，中国地方志指导小组王伟光组长指出：地方志事业发展的春天已经到来。国务院办公厅于 2015 年 8 月 25 日印发《全国地方志事业发展规划纲要（2015—2020 年）》，中国地方志指导小组李培林常务副组长指出“春天来了，如何让春天变得更加绚烂多彩？”“只有深入贯彻落实《规划纲要》，才能把地方志工作的春天留住，让地方志工作的春天变得更加绚烂！”在地方志事业发展的春天里，冀社长领导方志出版社开始了让地方志工作的春天变得更加绚烂的征程，冀社长领导方志出版社按照刘延东副总理“打造无愧于时代、无愧于人民、无愧于历史、无愧于民族的系列精品佳志”的讲话要求，正在着力打造“中国名镇志文化工程”“经济欠发达地区志书出版资助工程”“中国志书精品工程”“中国年鉴精品工程”等系列出版工程，并努力把方志出版社打造成全国地方志专业出版基地。

从新疆维吾尔自治区到西藏自治区、从宁夏回族自治区到广西壮族自治区，从海南省到贵州省，从广东省到山西省，从江苏省到甘肃省，从浙江省到四川省，从安徽省到深圳特区……我们在方志世界里用我们的手一点一点触摸祖国的山山水水，我们见证伟大变革的时代，我们见证勤劳勇敢智慧的中国各族人民为实现“两个一百年”目标和中华民族伟大复兴的中国梦而奋斗的历程。习近平总书记强调“中华优秀传统文化是中华民族的精神命脉，是涵养社会主义核心价值观的重要源泉，也是我们在世界文化激荡中站稳脚跟的坚实根基”。我们何幸在做着弘扬中国优秀传统文化的事业——国家的方志事业！我们处在一个伟大的变革时代里，我们在波澜壮阔的绚烂历史里，我们在中国梦的激情澎湃里，我们在中华民族伟大复兴的征程里，幸运的是我们方志人还在美丽的方志事业里，我们和全国各地志办的方志同人站在坚实的中国大地，我们注视着伟大勤劳的各族人民，我们注视着村落、城镇、都市的变迁，我们注视着社会的变迁，我们抚摸着美丽的山川，我们记录，我们歌颂，我们编辑，我们亲历，我们出版，我们留史，我们让世界看见具体的中国模样，我们让世界了解勤劳勇敢又爱好和平的中国人民的情怀，我们和伟大的时代紧密相连，我们和伟大的中国紧密相连，我们在伟大的时代里，我们在光辉的岁月里，我们在伟大的时代记载光辉的岁月，我们的岁月也因这个伟大光辉的时代而成光辉的岁月。我有幸在20年前追随方志出版社的开创者李祖德先生经历了方志出版社艰苦而又辉煌的创建岁月，出版社成立时，除了中国社会科学院给出版社100万元的注册资金外，没有一分钱，为节省开支租了铁匠营一发生过凶杀案没有人租住的小旅馆，把它收拾得干干净净，挂上“方志出版社”的牌子，正值第一轮修志进入出版高峰时期，我社是全国唯一一家专门出版地方志的专业出版社，为了国家的方志事业，为了方志出版社发展壮大，出版社上下一股劲，我们和全国地方志的同人广交朋友，我们与福建省地方志编纂委员会、江苏省地方志办公室、安徽省地方志办公室、江西省地方志办公室、浙江省地方志办公室、河北省地方志办公室、四川省地方志办公室、贵州省地方志办公室、内蒙古地方志办公室等省级地方志机构以及许许多多市县级地方志机构建立了友好关系，他们成为我们的第一批朋友，为了国家的方志事业这一共同的目标，我们和全国各地地方志办公室的同人走到一起建立的深厚友谊是别的出版社的出版工作者很难体味的。那时，从李祖德总编辑到普通员工，我们每个人的工资都是一样的:全是 860 元。我们冬天穿着大衣在办公；我们往新闻出版署样书室、版本图书馆、北京图书馆送样书是先把样书一本本放进人力三轮车，然后从狭窄的胡同运出；从李祖德总编辑到我们大家，我们全是骑自行车或乘公共汽车办公事；我们无条件地、心甘情愿地奉献！我们忙碌地工作，我们知道我们身上的责任和担子。1998 年，我们用我们的双手买来了四套办公用房，那时我们没有忘记困难时帮我们的全国地方志同人，我们把一套大房子留给全国各地来我社送书稿、改书稿的地方志同人，放几张床，迎接他们吃一顿饭，那时，全国各地的修志专家们的工作条件一样很艰苦，但默默奉献是我们方志人共同的座右铭，我们懂得，故我们的朋友遍天下，我们的事业蒸蒸日上。正如中国地方志指导小组李培林常务副组长在讲话中所说过的响亮的一句话“冷部门也可以作出火热的事业”。

我很知足见证方志出版社的成长并随方志出版社一块儿成长，历任方志出版社编辑室主任、第一编辑室主任、史志编辑部主任。

担任第一轮志书福建省志、江苏省志、江西省志、浙江省志等省志项目负责人。担任二轮省志《广东省志（1979—2000）》《海南省志（1991—

2010）》项目负责人。担任《宁夏通志》项目负责人。担任9卷《深圳市志》项目负责人，担任1000多万字《杭州市志（1986—2005）》项目负责人。担任《李明仲营造法式》、民国版《浙江通志》《福建通志》项目负责人。担任两辑《新编中国优秀地方志简本丛书》项目负责人。

2004年中国地方志指导小组、中国地方志协会颁发的首届地方志年鉴奖中，任责任编辑的《江阴年鉴（2004）》《张家港年鉴（2004）》《桂林年鉴（2004）》三部书获得特等奖。

2007年，福建省人民政府、福建省地方志编纂委员会主持评审颁发福建省地方志优秀成果奖，任责任编辑的《福建省志·武夷山志》《厦门市志》《泉州年鉴（2004）》《福州年鉴（2006）》获得一等奖。

2008年，任项目负责人与责任编辑的《清代全史》列入“十一五”国家重点图书出版规划，并列入第二届“三个一百”原创出版工程图书。

2014年，任项目负责人的《广东省志（1979—2000）》列入《“十二五”国家重点图书、音像、电子出版物出版规划》增补项目。

任项目负责人与责任编辑（或复审）的《杭州年鉴》连续多届获得中国版权工作者协会颁发的中国年鉴编纂出版质量与年鉴编校质量奖特等奖。至2014年，中国版权工作者协会编纂出版质量评比先后举办五届，《杭州年鉴》连续五届获得特等奖，中国版协年鉴工作委员会主持的每年一次的全国年鉴编校质量评比已举办七届，《杭州年鉴》连续七届获特等奖。

我很骄傲见证并亲历方志出版社为国家方志事业默默奉献的光辉岁月，亲历方志出版社20年来走过的光辉岁月，我想说我们是伟大时代里光辉岁月里最骄傲的方志人！

社里要求每人提供一张自己照片，录此一张由福建省永定县地方志编纂委员会主任刘增晶先生拍摄的照片，以致敬我们方志同人，致敬我们全国方志人默默走过的光辉岁月！

十五年　十本书

李　江

2000 年 4 月，我研究生毕业来到方志出版社，正式开始了编辑生涯。

站在今天回望这一路走来的 15 年，每一个阶段，都有一本有代表性和象征意义的书。

入社第一年，我初审过一部镇志、一部年鉴、一部市志、一部专业志。从这四类我社有代表性的书开始，我了解和学习了志书、年鉴的体例结构，算是入门之书。

2003 年，在从全国年鉴业务培训班回来的火车卧铺上，我在上铺，与在中铺和下铺的两位北京市文化局的老先生一路聊天，火车到达北京之时，我也谈成了第一部自己组来的书稿——《北京文化艺术年鉴》。那一年，这部年鉴创刊，至今已在我社连续出版了 12 卷。这部书，是我第一次成功组稿之书。

2007 年，为了庆祝社科院建院 30 周年，院科研局策划出版大型开放性丛书——“中国社会科学院文库”。我有幸参与其中，担任了两部有分量大书再版的责任编辑。一部是考古所的镇所之宝，夏鼐先生主编的《新中国考古的发现与研究》。另一部是卞之琳先生所译的《莎士比亚悲剧四种》。在《新中国考古的发现与研究》再版过程中，我认真审读，与考古所的杨泓先生逐条核对疑问，甚至改正了原书中的一些硬伤。比如在原书的图片中，有一条图注文字为“西汉棉衣”，而图中的衣服是一件丝绸制品，我核查了相关资料，发现：“棉花的原产地是印度和阿拉伯。在棉花传入我国之前，我国只有可供充填枕褥的木棉，没有可以织布的棉花。宋以前，我国只有带丝旁的‘绵’字，没有带木旁的‘棉’字。‘棉’字是从《宋书》起才开始出现的。可见棉花的传入，至迟在南北朝时期，但是多在边疆种植。棉花大量传入内地，当在宋末元初。”当我与杨泓先生核对时，杨先生十分开心地称赞我消灭了一处硬伤，因为此图确实是“西汉绵衣”。通过这样的核查，类似的错误经过这次再版大多改正过来，这部学术价值极高的大书更加完善了。

2008 年，院学部成立一周年之际，院机关党委决定编写《学问有道——学部委员访谈录》。社里决定把这部时间紧、任务重的大书交给我和另一位编辑一起操作。我们俩与作者通力合作，连续奋战 8 个月，没有休息过一个双休日，终于如期出版。2010 年，此书获得中国出版界的最高奖——“中国出版政府奖”图书奖提名奖。

2012 年，海关出版社、中华书局和我社竞争中国海关历史上第一部通志——《中国海关通志》的出版工作。我们最终以较强的专业审稿能力获得了这个 600 万字、全 6 册彩印精装的大项目。经过三年艰辛努力，此书于 2014 年 8 月完成出版工作。通过这部大书，我体会到必须依靠作者、全社各部门的通力合作，才能成就精品。

2014 年，根据社里布置的任务，我开始着手《中国名镇志丛书》的选题策划工作。这是一部创新的志书，定位是方志普及和大众喜爱阅读的志书。两年来，为这套丛书的编写、培训作者、书稿评审在全国各地奔波，目前第一批已在出版过程中。在做这一个大套系的过程中，我的心得可以引用台湾知名出版人王思迅的一段话来概括：“在我刚入行的时候，对一个编辑的最好赞誉是，文笔很好。过了五年，最好的赞誉是，编辑流程管控顺畅。再过五年是，有创意，有想法。然后再五年，进入后工业时代，对编辑的最佳赞誉是做书很精准。这‘精准’二字，非常值得玩味。精准的意思是恰到好处。各方面都兼顾下的最佳平衡。……一个成熟的编辑人，最难与人分享的部分是，一本书的定位是往哪个方向多靠一点才对；解释到多深才是好的；成本、装帧、定价三者如何搭配最为有利。不是努力够不够的问题，而是努力到什么地方最恰到好处，并留下余裕，继续奋斗下一本书。”

贺方志出版社二十华诞

冯 松

人潮涌，浪滔天，中流击水胜闲庭，
擎旗方志，众揽天南海北，承前启后铸辉煌。

木成林，人成众，二十寒暑头飞雪，华章篇篇，
述就前朝当代，镜鉴漫漫行路人。

同努力，齐发奋，牵手昨日旧时事，携伴盛世，
续谱明朝新篇，再创一番新天地。

不忘初心　方得始终

章　瑾

今年是方志出版社成立 20 周年的日子，想到自己与出版社共同走过了 12 年的岁月，我深感荣幸和骄傲，因为我曾经为它有过付出，有过创造，在它的发展道路上印着我走过的足迹，有着我付出的辛劳。

我是 2003 年 6 月 16 日到方志出版社工作的。初到出版社时，我就被分在总编室工作直到现在，这一干就是十几年。总编室是出版社很重要的综合职能部门，担负着“服务与管理、组织与协调、枢纽与窗口”的职责，这份职责要求总编室工作人员要有一流的业务技能、一流的职业素养和一流的工作作风，需要具有解决不同问题的综合能力。我每天都要面对和处理大量的、临时的、突发的、繁杂的工作，在日复一日琐碎、公式化的日常工作中，我总结出一条：始终要保持严谨的作风和认真的态度，坚持“以政策和法规为依据，以服务和管理为己任，以科学化和专业化为方向”的工作原则和“服务到位，协调到位，把关到位，参谋到位”的工作要求。这个原则和要求伴随着我一路走来，虽然没有留下什么骄人的成绩和值得一提的壮举，但我始终坚守着这份初心，从每一件小事做起，热情诚恳的做好每一天的工作，希望自己能在平凡的工作岗位上，干出不普通的工作。

累并快乐着，苦并收获着。回想当初，自己什么也不会，什么也不懂。从最简单的来稿登记、核书稿字数开始，到选题管理、发稿管理、书号管理、档案管理、合同审核、图书评奖和重大项目申报、成书上报，以及各类公文的起草和落实，等等，及时了解最新的出版政策，关注出版业的发展动态，不断丰富自己的出版理论知识，边干边学，边学边总结，有过困惑，有过艰辛，更多的是收获了一份坚持和快乐。在工作中遇到困难和挫折的时候，是出版社这个集体给了我信心和智慧，虽然辛苦但却充实，虽然坎坷但却感恩。

现在，一流的领导班子，英明决策，高瞻远瞩；年轻的出版队伍，敢打敢拼，百战不殆。我更为我能成为方志出版社的一员而感到自豪。无论过去、现在还是未来，我都深深爱着我平凡的岗位，坚守我热爱的出版事业，我只想用我的执着和真诚告诉大家：不管这路上是荆棘丛生还是风风雨雨，我都将一如既往，脚步坚定！坚守最初的本心，追寻最初的梦想，不忘初心，方得始终！

“雄关漫道真如铁，而今迈步从头越”。方志出版社 20 年的成绩已经载入史册，今天作为梦想新的起点和里程碑，愿方志出版社在创新发展的道路上，站得更高，看得更远。相信在新的春天里，你一定能创造属于你那闪烁、怒放的生命，谱写属于你的灿烂和辉煌！

见证

郑玉清

2003 年 7 月，很荣幸加入到方志出版这个大家庭中。回顾 12 年来我从事的办公室管理工作，感觉方志出版社像一个 8 岁的儿童一样，在历任社领导和同人的关心、呵护下，逐步成长为一个 20 岁的活力四射的青壮年。

2003 年，以方志出版社名义在北京市缴纳社会保险人员 11 人，有两个编辑部，出版发行为一个部门，办公财务为一个部门，书店为承包的独立单位、在居民楼内营业，工资执行国家自收自支事业编工资标准，图书出版的范围也较为单一。该年度，方志出版社先后制定了有关行政和业务管理的各项规章制度。如《职工请假考勤制度》《车辆使用和管理制度》《财务管理制度》《图书质量管理规定》《编辑部岗位职责》等。为出版社开展正常的经营活动提供了有力的制度保障。

2004 年，先后建立了方志出版社共青团组织、妇女组织、青年工作组、方志出版社工会组织，制定了《方志出版社职工继续教育若干规定》。2005 年，完成了《方志出版社管理手册（内部使用）》；完成了《关于方志出版社聘任专业技术职务若干问题的规定》；修订了《方志出版社职工考勤休假制度》。2006 年，重新修订了《关于方志出版社聘任专业技术职务若干问题的规定》。2007 年，试行聘任制，并开始与职工签订劳动合同；与中国社会科学院同步，废除原自收自支事业编工资体系，按照〔2006〕社科人字 31 号文件套改工资。2008 年，出台了《方志出版社全程操作图书出版工作的管理规定》。2009 年，方志出版社被中央转制工作领导小组，列为第一批中央在京出版社转制单位之一；制定了方志出版社转制工作方案；并在社转制工作领导小组成员中增加 4 名群众代表，及在原转制方案中增加了工会委员会监督职能的相关条文。2010 年，完成了出版社转制前的清产核资工作，并先后核销了方志出版社自收自支事业编制，核销了方志出版社事业法人证书。2011 年，在院工会的指导下，方志出版社再次进行了工会组织改选。实行了分配制度改革，即职工除工资、福利外，年终根据任务完成情况发放不同等级的奖金。2012 年，办公地址搬迁至夕照寺中街富瑞苑公寓 6 层；举办了“中国地方志精品工程专家评审会”；行政人员的年终奖金在 2011 年奖金基础上增加了 5000 元。2013 年，方志出版社确立了“方圆天下，志书今古”理念；“志书精品、社科奇葩”定位；“团结立社、制度治社、质量强社、效益兴社”的方针；重建方志出版社网站。2014 年，办公地址搬迁至潘家园东里 9 号国家方志馆 4 层；按照普遍增长的原则、依法原则、就高不就低原则、只增不减原则、留有余地原则，进行了方志出版社工资结构及标准调整。人均增资 1400 元。年终奖金发放实施收入减支出的核算方案，加大了奖金发放级差。2015 年，将我社通州图书库房，搬至潘家园东里 9 号国家方志馆地下书房；职工食堂正式运营。按照国家规定，供暖费和物业费由暗补改为明补，即本单位正式职工不论有无住房均按照本人的职级和岗位发放相应的供暖费和物业费。并于 2015 年底再次为职工普调了工资，月工资增长幅度高于 2014 年。上述组织建立健全和管理措施的实施，为方志出版社的经营活动提供了组织保障和持续发展的动力。

12 年来，在中国社会科学院及中国地方志指导小组的领导下，在历任社领导和全体职工的共同努力下，方志出版社在人员、机构、组织、业务等方面不断发展壮大。现以方志出版社名义在北京市缴纳社会保险人员达 40 人；编辑部门增为史志编辑部、综合编辑部、社科编辑部、大项目工作室 4 个；出版发行部分立为出版部、发行部、储运部 3 个独立部门，办公室和财务分立为 2 个独立部门，北京书苑书店具有在一楼独立的营业场所。

上述是 12 年间亲自参与或见证方志出版社各方面的变迁和不断发展的实况。当然，与我们忙忙碌碌的工作相比，上述记载只是工作中占比例很少的点滴，但就从这点滴工作中，不难看出方志出版队伍的不断壮大，制度和组织机构的不断健全；不难看出历任方志出版社的领导和职工对方志出版社的付出和努力。

在此，特向一直以来关心支持我社发展的各位领导、同人和朋友表示衷心的感谢。祝愿方志出版社明天更美好。

我爱我家，也爱我社

王锦宏

人到了中年，心态大变。家庭看重了，单位看轻了；身体看重了，名利看轻了；亲情看重了，事业看轻了。心中有神，常怀敬畏；似水流年，一切随缘。

爱家、爱亲人，日出而作，日落而息，平平淡淡的生活，知足知乐！但当年岁增长，单位事业日渐红火，退休之日缓缓走近，心中仍是充满无限感怀。

羊年是方志出版社诞生 20 周年。弱冠之年，风华正茂，恰如一英气勃发的青年，我见证了她 10 年的青葱岁月，伴随了她 10 岁的成长历程。

方志出版社是国内唯一一家以出版志书为主的专业出版社，虽然曾因没有自己的办公楼，我们在社科院院部、居民区租房办公，但是 2014 年 2 月终于到了国家方志馆，算是有了归属。我们不去想别人家大业大，底子厚，我们昂起头，挺起胸，干自己的活，打自己的江山，挣自己的钱，吃自己的饭。一任任的领导，继往开来，带领员工进取不断，拼搏不止。辛苦的编辑们，东奔西走，拉来一本本书，精雕细刻，心无旁骛，推出一部部新作、力作，《中华家训精编100则》《中国古代为官箴言》《中国名镇志》《汶川地震电力行业抗震救灾志》《广东省志》《中国海关通志》……打出了方志的名气，唱响了方志的美誉；勤快的发行人员、管理人员，爱岗敬业，踏实工作，出版社井然有序，业绩不断刷新；作为财务人员，我和同事，千方百计，精心理财，盘活资金，心系大家庭，情系出版社，也尽了绵薄之力。

是凡夫俗子，就有寻常人的行为举止。在方志社工作的这些日子，我们有过牢骚怨言，有过彷徨苦闷；有过困惑不解，有过意气用事。但是，我们这一代人终是理性明事的一代人，吃过苦，受过累，但我们感激之情常有，感恩之心永驻。我们感恩天地日月，感恩雨露阳光！感恩父母家人，也感恩亲眷朋友；感恩我们曾工作过的每一个单位，我们自然感恩现在工作的方志出版社。她给了我们工作，让我们每天都有活干，有事做，不至于失业待岗、空虚无聊；她给了我们工资，让我们有饭吃，有衣穿，生活体面、有尊严；她给了我们依托慰藉，让我们心有所系，情有所寄，有事有难想到她，想到同事。

20年里，方志员工心往一处想，劲往一处使，汗往一处流，同心同德。20年过去了，方志成长了、发展了、壮大了！方志的事业兴旺了，事业红火了。我们深深地热爱她！衷心地祝福她！

我与方志出版社同行

章　文

今年是方志出版社建社 20 年，同样我与方志出版社也结下了 20 年的不解之缘。峥嵘岁月，似水年华，值此社庆之际，回顾我与方志社 N 个“第一”往事。

一、建社初期

20 世纪 90 年代初中期，中国地方志指导小组办公室各项工作尚属初始。其办公条件更为有限，地址设置在建国门外日坛路社科院历史所内，为历史所代管的一个处室。虽不久搬到社科院院部内，也是在院部最里处的一栋 50 年代的二层建筑楼内（后拆除为现在的院部职工餐厅）里外两间房，总计不过 50 平方米。办公室每周一次的秘书长工作会实在没有地方召开，只有在时任中指组常任副组长郁文同志家中的会客室召开。郦家驹秘书长、高德、贺巍、李祖德、霍力进几位副秘书长逢一必到。刚刚从部队转业，时任社科院郁文院长秘书的我因工作需要也是会会必听，受益匪浅。方志出版社的建社决议也在此形成。

1995 年 6 月，方志出版社在丰台区北铁匠营的一片低矮错落的居民平房区内正式挂牌营业（现已为南苑路交通要道）。租赁的三间小南房，两侧的房间又分别接盖了各一间小屋，呈凹字形，中空的小天井又搭上了顶棚，占地大约 80 平方米，整个建筑里几乎全年见不到多少阳光，一代方志人从此开始了辛勤的劳作与耕耘，勤劳换来的必定是硕果。1997 年底首先购置了方志出版社第一大件国有固定资产——墨绿色捷达轿车。记得当时单位购买公车还需要“购置指标”，方志出版社第一任总编辑李祖德先生便委托我办理，经过一番努力取得了购车指标，但买车时方志社里还没有司机，只得由我和郁文同志的司机去帮助挑选，再临时找一个司机把车开回方志出版社。1998 年年中，中指组秘书长会议根据方志出版社发展的需要，决定购置自己的办公用房，也是方志出版社的第二大件国有固定资产。年富力强的我与此时已调入方志出版社的常治宗同志便承担了此项任务。半年的时间，我们几乎看遍了朝阳、丰台、崇文三区的楼宇，最后定格在丰台区角门北路甲 1 号楼 103、104 室，尔后不久又增购此楼盘的 101、102 室，总面积约近 400 平方米，至此方志出版社有了自己正式的办公场所。

二、开新立业

2001 年春节过后，我正式自中指组办公室调入出版社，出任发行部第一任副主任，全面负责方志出版社的图书发行工作。并在同年 7 月创建方志出版社北京方志书苑书店，注册经营地址为丰台区马家堡南街 38 号，营业面积 50 平方米，如今那里已是一片片居民高楼了。我的官称也由此多了一职：方志出版社发行部副主任兼书店经理。发行部及书店仅我 1 人和 1 名临时女工，一辆小拉车就是我们的送货工具。记得那时去北海文津街国家图书馆文献部送书，工序过程是：本楼地下室（即我社租用书库）取书、捆好；手工填写“清单”；把书绑在小拉车上，带上公交月票，出门乘坐 14 路公交车到府右街北口下车，步行一站半地至北海公园西门旁文津街，著名的北京图书馆，我国收藏最丰富、规模最大的国家书库。就是这样，当年我社的图书销售额收入为 10 万元。一切都是从零做起，由此也首次向社会各界打开了方志出版社对外宣传推广的大门。

两年多的时光磨炼，使我很快地进入了相应的工作角色。2003 年年中，新的社领导班子决定将方志社迁至社科院院部，鉴于当时社里的决定：书店不动，可转租外界经营。作为社发行部尤其是书店的创办者，难以忍心把自己亲手创建的、刚刚略有起色的书店交给不懂志鉴知识的买卖人“任意打理”，痛下狠心，决意停薪留职，承包书店，签署了出版社发展史的第一份、也是至今仅有的一份“承包协议”。断了自己任何生活经济来源的我，再一次地从零做起，背水一战，用辛勤的汗水换来了一年又一年的丰收硕果。但随着时光的流逝，除了每年年底向社里交纳个人的五险一金、房租和管理费的例行公事外，渐渐地也似乎成了出版社的“局外人”。2008 年末，社班子决定收回书店。我由此安置到办公室负责书报信件的收发工作，一晃六年光阴，悠闲自得。

三、再续新编

2013 年下半年，新一届社领导班子提出了“团结立社、制度治社、质量强社、效益兴社”的企业发展纲领，并把 2015 年作为“我社图书发行销售的发行元年”。阔别了发行工作六年之久的我，再次回到了既熟悉又陌生的岗位，主管我社的图书发行工作，任我社发行部第一任主任。

销售指标、绩效工资、遗留旧账、人心各异，潮水般地涌来。“各尽其能、尽职尽责、坚定信心、齐心协力”，书店、发行部齐肩并进，相互配合，一改往日阴霾乏味的工作气氛，“两个部门、一个目标”，繁忙而艰巨的工作伴随着紧张而轻盈的脚步有序地前进。从春季书展到秋季展会，从信息宣传到销售专场，一个健康向上又不断充满正能量活力的团队涌现在方志出版社企业发展前进的大军中。

坚定信心、充满诚心、创新发展、关键在人。从来出版社的第一年到今天走进第十六年，不知是天意还是人意？出版社图书销售额也同样从 15 年前的 10 万元增加到了今天的 160 万元，又是一个前所未有的第一次。

忆往昔峥嵘岁月稠，我见证着方志社 20 年的成长发展历程，同时作为见证者之一，感慨万千。看今朝，第一届方志社的领导集体，年轻化、知识化、专业化、科学化，充满着生机勃勃的活力。“一年一小步，三年一大步”沉稳矫健大步向前。“莫道桑榆晚，为霞尚满天”，求真务实，尽职尽责，虚怀若谷，无愧无悔，我与方志社同行。

工作感受
——在出版社的日子里

张　波

2015 年的时光伴着 12 月的阳光和雾霾，在平静的日子里浮浮沉沉。转眼，我来社里已经 13 个年头了，感觉那么短又觉得那么长。又是冬天了，今天我来谈谈在方志出版社是如何工作的时候，我首先联想到的是自己干了什么值得回忆的事呢？

面对时光，我总是会不自觉地想起它来，那些曾在出版社走过的路，那些曾经在多个工作岗位历练过的时光，历历在目，我无法用言语来准确说清它是长是短或是兼而有之。但回眸一年在组建方志食堂工作的点点滴滴，却是格外令人感慨，与领导同事共成长、共工作、共学习。一年里方志食堂组建工作从没有到现在全面正常运行，我一直在努力拼搏工作，在平凡的岗位上认真扎实，有困难不放弃，踏踏实实地在工作中任劳任怨、兢兢业业，以“质量、安全、进度、成本、微笑”等服务宗旨做好食堂管理。这里的新鲜挑战，同志和领导们的支持，一切的一切，都将深深地镌刻在我的心中，定格在我的记忆感受中。

高山上，有着守山人；山冈上，有着站岗人；我的工作就是站在山冈上。在方志食堂运转身后那一串长长的足迹，有过欢畅的笑声，有过成功的喜悦，但也有过彷徨、伤痛、无助、不知所措，但在这里我学会挑战自己的能量，在这里更欣慰的与大家分享着食堂一天两顿饭菜的美味。我的工作是一份极其平凡的工作，在别人的眼里可能被人认为是社里最没有什么技术含量的工作。但我个人认为这是为出版社作出成绩的同事的保障工作。在工作中无论是工作原则、办事程序等，我都会服从领导的安排，从不会因小事而斤斤计较。我总是告诫自己做任何一件事的最大收获对我来说不管是哪一类的，高等的，低位的，只要奋斗有了方向，收获在于真正内心那种归属感。我拥有现在这种平静快乐的归属感，我不会轻易放弃曾经工作的快乐、同事对我的关心。13 年里我与出版社共同在成长，成长的挫折和困难，领悟的深与浅，我都感觉到人生 53 年来生命更加丰富多彩，人生更加美丽。今后我都会用心融入团体，再与出版社共度往后的阳光彩虹。

阳光，洋洋洒洒越过窗棂。望一眼天高云淡，吸一口新鲜空气，想说的只有感谢方志出版社给予我这平凡的舞台。

方志出版社建社二十周年寄语

王瑞华

纸墨书香，史志悠长，方志出版社迎来建社 20 周年。

春华秋实，方志出版社址几经变迁；光阴荏苒，方志出版社同人始终奋勇前行。中国方志源远流长，20 年弹指一挥间。短短双十年华，方志出版社植根于中国社科院最高学术殿堂之肥沃土壤，历经艰难初创、茁壮成长、转型发展、依法治社不同时期，持续谱写了发展与创新的崭新诗篇。二十余载，方志出版人携手并肩，披荆斩棘，以“方圆天下，志书今古”为发展信念、以“志书精品，社科奇葩”为品牌定位，立志把方志出版社打磨成特色鲜明、品牌成熟、影响深远的全国唯一国家级方志专业出版社。

今天的方志出版社，在全面推进依法治国的时代大潮中，借《全国地方志事业发展规划纲要（2015 — 2020 年）》颁布实施的东风，坚持转型发展、创新发展，以依法修志、依法治社、建章立制、强化管理来保障和推动地方志事业，更加重视方志图书出版工作的质量和效益，进一步推动地方志事业的科学发展与繁荣。

今天的方志出版社，重点实施“五大工程”，实现出版社“大发展”的战略目标。基地工程力争把方志出版社建成“全国志书专业出版基地”，“全国志书出版的航空母舰”；政治工程着眼经济欠发达地区方志文化建设，全面促进西部落后地区方志工作与全国方志事业全面协调可持续发展；文化工程依靠《中国名镇志》和《中国名村志》出版工作，发挥地方志资政、存史、教化的功能；指导工程则以《中国地情报告》《中国方志发展报告》《中国年鉴发展报告》为龙头，客观反映地方志事业不断创新、不断开拓的历史进程；质量工程通过启动“方志出版社十佳精品志书”和“方志出版社十佳精品年鉴”评选活动，大力推进中国地方志精品工程工作。

今天的方志出版社，积极拓展发展新空间，实施“互联网 +”行动计划，着力促进传统出版与数字出版的深度融合，在网站形象设计和内容设计上突出出版社的专业定位和出版特色，网上书城、数字出版等信息化建设方兴未艾，前途无限。出版数字化转型为方志出版业务的发展创造了更大发展空间，增添了全新的发展动力。方志数字出版科技创新、传统出版跨界融合的可持续发展之路越走越广阔。

面对方志出版事业的新局面，作为一名普通的方志出版人，我将牢记“团结立社、制度制社、质量强社、效益兴社”的社训，将把方志社的重大责任和使命看成个人的神圣任务和目标，并必将以它的成就引以为个人的骄傲和自豪。

值此方志出版社建社 20 周年之际，我衷心祝愿方志出版社未来更加与时俱进、锐意进取、再创辉煌。

廿载方志盈墨香

——记方志出版社出版发行工作

毕春梅

2015 年 12 月，方志出版社迎来了 20 周岁的生日。作为全国唯一一家地方志专业出版机构，我社的成长与发展浓缩了中国地方志事业转型与发展的轨迹，印证了中国地方志研究的不断创新与繁荣；由我社出版的志书、年鉴及相关系列产品，发挥了极大的资政、存史、教化、育人的功能。

一　发行工作的拓展

作为一名出版工作者，2004 年我走入了方志这个仅有二十余人像家庭般的小型出版社。经过月余的接触，根据社领导的指示，参与发行工作，打开方志出版社发行工作停留在储运方面的局面。经过半年多的深入工作，我们与北京发行所、首都发行所、国际图书进出口有限公司展开了业务接洽，我社的产品在西单图书大厦、王府井新华书店等大型图书卖场有了一席之地。

在逐渐打开北京图书市场的同时，我们以南京古旧书店为突破口，首先进入江苏省图书销售市场。2006 年 10 月 24—25 日，方志出版社首次以产品销售、出版社展示为目的，参加了“2006 中国 · 南京馆藏图书展销会”，使方志出版社进入了江苏省图书发行主渠道。为此编印的《方志出版社图书书目》，成为我社首部产品目录。我社雪藏多年的产品终于面向市场，走出了库房。

2007 年，经过了 3 年的积累，我们带着充足的自信与丰富的产品，以全新的面貌参加了一年一度的全国行业盛会——2007 北京图书订货会，让全国的图书发行同行了解方志出版社及相关产品。以此为契机，方志出版社登上图书主流发行渠道的舞台。

通过发行工作的展开与不断地深入，我们梳理了发行业务相关的规范、制度，为出版社的发行工作打下良好的基础。图书库房从原来的民居搬到了通州区张家湾的一家专业图书物流仓储公司，从此我社的库存图书也有了安身立命之所，有了账目登记。

二　出版工作的开创

2005 年，随着我社的进步与发展，选题量不断增加，出版社全权管理操作的全程操作图书也在不断增加，对出版业务管理的需求也越来越大。为此，根据社领导指示，发行部更名为“出版发行部”，一方面继续开展图书发行工作，另一方面展开出版工作，改变了多年来编辑自己联系印刷厂，排版、设计、印刷由印刷厂全部代理，印刷厂有什么材料出版物就用什么材料的混乱状态，也改变了图书装帧印刷质量良莠不齐的窘状。

经过磨合与筛选，我们与多家专业的排版公司、设计公司、印刷厂和材料供给商、造纸厂建立了相对稳定的业务合作关系。在这些合作单位的紧密配合下，我社全程操作图书的排版、设计、印装和材料质量得到整体提高，社内出版运作流程得以理顺，出版效率大大提高，生产成本公开透明。

小森五色印刷机

电分机

数码打样机

20 年来，在几代领导人的指引下，方志出版社在中国方志出版史上写下了浓墨重彩的一笔。《学问有道》《天台县志》《佛山市志》《北京市文化艺术年鉴》《中国方志通鉴》等高质量的志书、年鉴的问世，以及“中国社会科学院文库”“中国社会科学院创新工程学术出版资助项目”“中国社会科学院国情调研丛书”“法治中国论坛”“北京知识管理研究报告系列”“北京小学课程改革丛书”和《中华家训精编 100 则》《中国古代为官箴言》等专业性社科类图书的陆续出版，引起了地方志系统以及广大读者的瞩目。“中国名镇志文化工程”“中国精品志书出版工程”“中国经济欠发达地区志书出版工程”等项目的设立，无一不凝聚着方志人出版“志书精品 社科奇葩”的企业精神，未来的方志出版社又将攀上新的高峰。

回望 20 年的成长历程，我们梳理自身的发展经验，展望下一个 20 年的成长，新的征程即将开启。

出版社办公地址的变迁历程

常治宗

我是 1998 年 2 月来到方志出版社的，当时出版社成立还不足三年，虽已度过最艰难时期，但方方面面条件还是非常艰苦的，单从办公环境说，当时租来的几间平房，还处在胡同的里边，胡同的路还是土路，四周都是居民，一遇到雨雪天气，只能趟着泥水进出，屋子内部的光线很暗，因为向南的两个小窗都被外面的房子挡住了，所以只要有人，灯是长明的。职工总共只有六七名，由于人员少，大部分又是离退休的一些老同志，所以我除了当专职司机外，社内除编辑外的其他工作都参与。来出版社后不长时间，当时的领导为了出版社的发展和改善办公环境，征得中国地方志指导小组办公室的同意，决定自己购买办公用房。所以在选房看房那段时间，东城、西城、朝阳、丰台几个区跑了无数次，通过各项比较，最终选择了位于丰台角门北路的一处地址。当时购买了两套，过后不久又购买了两套，并于当年就搬进了新址办公，出版社凭着自己几年来的奋斗努力，有了自己的办公用房，使得出版社的办公环境有了很大的改善。但由于是一层，时常有跑水的现象，所以每到节假日都要安排人员值班。值得一提的是出版社不忘自己的艰苦岁月，也不忘各地志办的艰苦岁月，为了更方便地与各地方志办的合作交流，出版社专门购买了一些必备的家具，将一套三居室辟为招待用房，免费供给各地方来社办理业务的志办人员使用。

到了2003年，出版社领导从各方面考虑决定，从丰台区角门搬到中国社科院办公，搬到社科院后，与院职能部门和小组办的联系更加方便了。

2011年由于各种原因，出版社又从社科院搬到夕照寺，在这次搬家选址过程中，出版社办公室的人员又是一家一家地跑了许多处，最后挑出三处，供社领导决策。2013年是出版社发展史上的一个转折点，通过社领导的努力和多方面的沟通，出版社又从夕照寺搬到了国家方志馆，办公环境不但得到改善，而且节约了大量资金。2015年初，出版社领导又和地方志小组商定，出版社原在通州的书库，回迁到国家方志馆，经过小组办和出版社各方的协调准备工作，于6月中旬完成了书库回迁工作，并于7月底完成了图书的清点工作。书库的回迁既节约了租房资金，又使得书库人员的工作环境得到很大改善。

回顾自己到出版社近20年的经历，出版社的每一次搬迁都是一次办公环境的改善，展望出版社的发展，明天会更好。

方志出版社
——我的第二个家

田　静

从2006年我进入方志出版社发行部工作，到今年9个年头了，算是发行部的老员工了。在建社20年庆来临之际，回顾走过的9年，真是感慨万千。

2006年入社时，我从未做过发行工作，也不了解图书，更别说是地方志图书了。工作两眼一抹黑，不知道如何开展工作。当时，发行部和出版部还合并在一起，称为出版发行部，共有6位同事，毕春梅任出版发行部的副主任，主持发行和出版工作。

在领导和同事们的帮助和指导下，我才一步步地对地方志有所了解，知道了我们做的工作有很重要的意义——地方志是全国各省、市、县、村、镇及行业的全面记述，是很重要的历史资料。要是穿越回古代，那可是史官的活呢。

为了更加了解地方志图书以及图书编辑出版等专业知识，我在2006年通过了初级发行员资格考试，成为一名持证上岗的发行员。2007年通过了中级编辑资格考试，拿到了编辑证。并随后在2009年通过了中级发行员资格考试。

在发行工作上，边学习边实践，请教和自学相结合。与同事一起出差参加书展，拜访客户，听取客户需求……就这样走入了方志类图书发行行业。

记得有人说过，同事是第二个家人，工作单位是第二个家。每天24个小时和家人在一起的时间除了睡觉还没有和同事在一起的时间多，我深有同感。

在方志出版社的9年里，每天和同事们朝夕相处：在工作上相互支持鼓励，学习提高；在生活中也是给我许多感动。

2006年，从我一进出版社，毕春梅主任就把工作章程和岗位职责拿给我学习，并手把手地教我如何更好地适应新岗位。2008年，出版部和发行部拆分，她担任出版部主任。提前就把手里做得好的优质客户介绍给我并带我走访介绍。

2009年，当时还在书店工作的颜桂华得了重病，但是一边化疗一边坚持上班，常常是从医院输完液又坐公交车赶到单位工作，化疗副作用的结果是一夜间脱掉了满头的黑发，我难过地直掉眼泪，颜姐却一边扫头发一边安慰我说：没事，还会长出新的呢。

2010年，我怀孕期间，不仅我们部门的同事对我关爱有加，主动分担我的工作，别的部门的同事也都伸出友爱之手，中午邀请我去有沙发的办公室休息。办公室郑主任跑上跑下帮我申请生育补贴。

2013年，冀社长到任以来，出版社发生了翻天覆地的变化，发行部也随之改变。2014年我担任了书店的副经理，书店又重新走入人们的视线，经过一年的精心准备，书店已经重装开业了。

这一桩桩、一件件，每个人、每件事组成了过去9年的回忆，回想起来倍加温暖。在这样的大家庭里生活，我感到奋进、向上、自豪。

我可以毫不犹豫地说——方志出版社，我的第二个家。

为一方出志，成一方民愿

丛 珺

独立小院，看似神秘，松松白雪，月光如水……雪后的北京，一切都是那么清爽、平和。刚刚结束一天工作，一个人走过方志馆的蜿蜒小路，丝丝冷风不住地流转在我身边，我感到了沁人心脾的清凉，忆起了段段往事！

12 年前的一天，刚走出大学校园的我来到方志出版社报到，面对的一切都是那么新鲜、有趣。忙碌的李社长、和蔼的周总编、美丽的陈副总编、文艺的李主任、严厉的吴老师……还有一群可爱的 70 后哥哥姐姐。作为当时社内仅有的两个 80 后之一，当年被作者尊称为“老师”的时候，还一脸稚气，谦让未遑。

进社后从总编室岗位做起，通过部门负责人的悉心指导，很快就熟悉了出版社的运作流程，第二年就考取了出版专业初级资格。

后来转入编辑岗，从综合编辑部起步，通过史志编辑部的历练，到现在的大项目工作室的负责人，一步一个脚印，出版的每一部图书都是用心之作。其中，印象最深的就是《大华山镇志》项目的出版工作。

这个项目是由北京市平谷区史志办老主任刘仕仲牵线，与大华山镇政府宣传部马俸舸部长联系的项目。这部志书是出版社出版的第一部全程操作的镇级志书，也是北京市首部公开出版的乡镇级地方志书。

该书的主编是平谷区大华山镇大华山村的党支部副书记王进才，他不是专业的志书编纂人员，仅凭着“利用手中的笔、心中的情去宣传党的政策、宣传家乡的人和事”的热情和执着，带领其他 11 位大华山本地村民历时 5 载，数易其稿，在平谷区党史区志办的帮助下，形成了 24 章，100 余万字的镇志稿。

面对作者的期盼，作为项目负责人和本书的责任编辑，只有锦上添花，不可敷衍了事。由于编者之前没有志书的编纂经验，资料又很有限，书稿中难免出现交叉重复、体例文风、数据有误等问题，该书的初审工作难度较大，历时三个多月才得以完成。其间，马部长多次来电催促，对进度不甚满意，但将社内三审完成后的稿件交付后，却得到了他们的充分肯定。在随后的多次校改过程中，合作十分愉快。

全程操作的图书，不但要审稿，还要参与封面、版式设计工作。大华山镇作为平谷大桃发祥地，有“京东大桃第一镇”之美誉，“大桃”这个要素一定要利用起来。经过多次与作者、设计人员的沟通，最终形成了封面、封底采用压凹桃枝图形，书眉采用大桃图形的设计样。

该书最终于 2011 年 12 月正式出版，2012 年 2 月 17 日举行了首发式。

镇志虽不是什么了不起的大项目，但是每部书稿都是作者的心血之作。《大华山镇志》的出版，让主编王进才觉得：“这是他有生以来为家乡老百姓做的最有意义、最有价值的一件事情！”也让我觉得：“为一方出志，成一方民愿”。

我在方志出版社的十二年

徐　宏

还记得十二年前七月初的一天，我来到社科院 12 层，下了电梯，右拐，便是方志出版社的办公区，我怯生生地问社长办公室在哪儿，然后心情忐忑地敲门，这一敲就敲进了方志出版社的大门。这个情景恍若昨日，现在遇见新入社的同事，看到他们的模样，仍想到十二年前的那一幕。

进社后，就在李沛老师手下当学徒，这一当就是十二年，从奔三十到四十出头，跟李沛老师学做人、学做事。当时，出版社只有一个编辑部，五个在职编辑，全社加领导也只有十三个人，我心里默念，这不就是十三太保嘛。十二年来，当年的同事有的退休了，有的调走了，同时，出版社也陆续增添了更多的新鲜血液，队伍越来越壮大。这十二年，出版社的社长换了三任，出版社的地址也从社科院搬到夕照寺，再搬到国家方志馆。人员进进出出，社长换了又换，地址三次变更，但是出版社出书范围始终未变，仍然以地方志、年鉴和其他地情资料为主，服务宗旨始终未变，仍然是服务和服从于繁荣、发展地方志文化这个大局。就我个人而言，十二年来，始终如一地在史志编辑部做编辑，无论外面大环境怎么变，出版社小环境怎么变，这一点始终未变，颇有点“躲进小楼成一统”的感觉。

十二年来，参与编辑的《清代全史》，于 2008 年被新闻出版总署评为第二届“三个一百”原创出版工程图书，并被列入“十一五”重点图书工程项目；编辑的《哈尔滨犹太侨民史》被新闻出版总署列为“十一五”重点图书工程项目；参与编辑的《广东省志》被新闻出版总署列为“十二五”重点图书工程项目。在审稿过程中，让我受益最大的书是民国版《福建通志》，这部书共有 900 多万字，通过对这部书的审读，我大体了解了古籍整理中的一些规范，对文言文的点校方法有了一些体会，编完这部书，我对旧志整理类的图书心里就有点底了。我印象比较深的志书是《昌都地区志》，这本书是西藏昌都地区第一部志书，由昌都地区的副秘书长土呷组织并主编而成，主编虽然是藏族人，但汉文功底很好，全书文字质朴流畅，内容翔实客观，记述了很多昌都藏族人的风情民俗和宗教知识，观点正确，尺度把握得也很好，十年过去了，这本书仍给我留下深刻的印象。

十二年，从青年到步入中年，出版社变了模样，我也有了很大的变化，陪伴出版社经历了曲折，也记录了我成长的印记。感谢社庆 20 周年，让我想到过去的点点滴滴，希望自己不断完善自己，配得上这个逐渐变得更好、更大、更强的出版社。

五年随感
——写给二十岁的你

刘方圆

2010 年 9 月 10 日，我第一次走进你，在中国社会科学院大楼。9 月 10 日于我是不寻常的日子，十一年前的 9 月 10 日我怀揣梦想踏进大学的校门，七年前的 9 月 10 日我有幸被保送到中国社会科学院研究生院深造。9 月 10 日还是中国传统节日——教师节，五年前，在这个特殊的日子里，我结识了方志出版社的良师益友。

从最初在总编室熟悉出版流程，到进入史志编辑部成为一名编辑，身边的老师给予我很大帮助。特别是编辑部主任李沛老师，她循循善诱，倾囊传授，为我讲述出版社的历史，关怀着我的生活。传道、授业、解惑，让我在异地他乡感受着母亲般的温暖，也帮助我快速成长成为一名合格的编辑。

2012 年 3 月，春雨蒙蒙，出版社搬进了夕照寺街富瑞苑公寓。在这座公寓里,我以责任编辑的身份参与了“十二五”国家重点图书出版规划项目《广东省志》的出版工作。每当伴着清辉的月色，我完成一天的工作时，走廊尽头冀社长办公室的灯始终亮着，让我感受到一股暖意，也为出版社照亮了前进的路。

2014年3月2日，农历二月初二“龙抬头”，数易其址，出版社终于有了自己的家——坐落在潘家园的一处幽静小院，迁书库，办书店，更是有了方志食堂，让大家吃饭不再“糊弄”。同时，居安思危，大胆改革创新，在冀社长提出“一年一小步、三年一大步”目标的引领下,出版社面貌焕然一新。

2015年，20岁的方志出版社，正青春。二十年磨一剑，蓄势待发。中国名镇志文化工程，经济欠发达地区、少数民族地区出版资助项目，博士后论文库……一批国家级重点出版项目落户，让出版社迎来了事业发展的繁荣期。

感谢在最好的年华，遇见最好的你。能成为中国地方志书专业出版基地的一名编辑，我很骄傲，同时也感到肩上的责任重大。李克强总理提出“修志问道,以启未来”,我做的不仅仅是一份工作,更是要尊重历史,对后人负责。方如行义，圆如用智，正如父亲为我取名“方圆”所期望的，在接下来的一个又一个五年里，我会不断提高自身修养，提高业务能力，为出版社更好的明天打造一个更好的自己。

人常在，情常留

梅中英

2009 年的 7 月 25 日，大学刚毕业的我正式入职方志出版社。穿着正式的衣装，手心握着汗，一步步蹬上建国门地铁出站口的楼梯，穿过建国门的小花园，到达社科院大楼；擦掉脸上的汗，平复下心情，按下去往 12 层的电梯。

社科院的 12 层，有着很多美好的记忆。那时的办公室，到处堆积着书稿，向南的窗台下种了很多盆绿植，稍显陈旧的装饰很符合我对编辑室的想象。而刚踏入社会的紧张，很快在同事的帮助下消散。主任李江的教导使我很快了解了出版社的日常工作；小伙伴李静和田静更经常在午饭时间带我“探索”社科院附近的美食地图。最爱的还是社科院的秋天，每到秋天阳光灿烂的日子，银杏叶一片片落下，小伙伴们总会一起去拍那片绿茵上的金色，拍银杏树下的我们，用照片记录下那时在方志出版社的一个又一个秋天。

后来，出版社从充满书香的社科院搬出，来到夕照寺大街的富瑞苑公寓，在那段时间里，小伙伴们也已纷纷结婚生子，完成人生的第二个转变。当时青涩的大家也通过一个个重大项目的历练，褪去青涩，在工作中已能独当一面。而出版社也逐渐加入了更多新的力量，与此同时我也收获了新的友情。

再后来，2014年的二月二龙抬头，大家一起把出版社从夕照寺大街搬到了国家方志馆，新的环境开阔舒适，工作也同时迎来了新的气象。大家一起奋战稿山，一起搬迁书库，一起照顾院子里的流浪小猫，一起健身，一起为新开的食堂和美食开心。犹如院子里的月季，年轻的我们也都在野野地成长。虽然没有惊天动地的大事，但是大家都兢兢业业地埋头做着自己的工作，好像这平凡的每一天都自有激情。

至2015年，方志出版社已成立了20周年，而我从入职之日到现在已有6年。在出版社的青年时代加入这个充满活力的大家庭，和她一起梦想，一起成长，一起奋斗感到非常有幸。更有幸的是，在相伴和一起奋斗时收获了小伙伴们的友情。作为这里的一分子，在祝愿出版社20周年生日快乐的同时，除了希望她的明天更美好，更愿一起奋斗的大家能够人常在，情永留。

有爱的集体　温暖的家

李　静

对于我，同事是比家人交流还要多的人，单位就像我的第二个家。很庆幸我遇到了善良同事，加入了一个超有爱的大家庭。2006 年 9 月入职时我在总编室工作，在和蔼可亲的周全姐和耿直善良的冯松姐的呵护下，幸福的我给其他同事留下了每天“傻高兴”的印象。当时的出版发行部是毕春梅带领的最年轻的一个部门，也不知当年我是哪里来的自信和勇气就天天去她们部门混吃混喝，最后还混成家属了。我是田静的家属，他们部门聚会都带着我，现在想想好怀念大家都护着我的日子。一年后我到了综合编辑部，编辑的工作和总编室不同，大家都要静心看稿子，我看的第一本稿子是《宜兴年鉴》，李江主任非常耐心地教我看稿子时需要注意的重点，我看完后她帮我重新看了一遍，我记得那本稿子被她贴满了红条，那一瞬间我真的非常羞愧，觉得自己根本无法胜任这份工作，也许就是从那满满的红条开始，每次接到一份工作我都会提醒自己：起码别丢了自己的脸！

时间过得很快，我结婚了、怀孕了。小梅看着我大起来的肚子就哭了，她说："当年那个小姑娘怎么就当娘了？"我 30 岁生日的时候她也哭了，她还是那句话："当年的那个小姑娘怎么就 30 了？"孩子满月后，同事们来家里看我，我看着沙发上四仰八叉地坐满了我的同事姐妹们，心里超自豪的！比在单位做好什么工作都让我自豪！人与人之间脾气秉性不同，能成为朋友不易，同事之间摩擦和矛盾更是常有，但那一刻我看着她们真的觉得眼前这一切非常难得！

到今年我工作都 9 年了，今年对于我来说是有着转折性意义的一年，在家里今年开始要自己带孩子，没有阿姨帮忙了。工作上"误打误撞"接了"中华家训"的项目，一开始我对自己也没什么信心，因为毕竟是自己第一次独立做一个大项目，张大伟总编鼓励我说："李静，历练下吧！"我也很想知道自己究竟能不能把这个项目做下来，能做到什么程度，我也想看看自己这 9 年究竟有多少积淀。好在，这 9 年里我不仅有编辑经验的积累，更重要的是有和同事之间友情与信任的积累。那段时间真的有种并肩作战的感觉，我们是战友、我们有共同的目标、我们有一起按时完成任务的决心，如果不是姐姐们的倾力相助，凭我一人根本不可能做完这个项目，无论何时说起"中华家训"，我内心都充满感激。

方志出版社建社 20 年了，我们大家庭的成员在增多，我的朋友也在增多，无论今后大家身处何处，我都愿做你们一辈子的朋友来报答你们，期待我的第二个家永远是幸福的家，祝福我的家人们永远都幸福！

从银杏满地到秋桐叶落

陈 菁

对方志的认识要从大学时所选修的甲骨文研究一科说起。

首先，是要承认错误的。选修由常耀华教授任教的甲骨文研究一科是有两点考虑。其一，大学时“古代汉语”一科便是常耀华教授任教，大学时与几位好友在私下评论老师，记得当时我摇晃着课本，侃侃而谈地说道：“授课严谨，不光能学到知识，还能享受到获取知识过程中的乐趣，最重要是上课环境非常自由！”其二，这种“自由”感不光当时宿舍几个好友“颔首同意”，我们全部国传院的学生都意识到，这位在台上为我们抑扬顿挫诵读古文的“常爷爷”，非常好说话，即好请假。所以，在大三的时候，我与几位好友，义无反顾地选择了甲骨文这门课程，美其名曰“轻松的学习”。

第一堂课，我便被这刻在龟甲和兽骨上的文字所吸引，不由自主地沉迷在隐于甲骨文文字中的多变和优美。郭沫若曾在其 1937 年出版的《殷契粹编》中称赞甲骨文：“卜辞契于龟骨，其契之精而字之美，每令吾辈数千载后人神往……足知现存契文，实一代法书，而书之契之者，乃殷世之钟王颜柳也。”之后的课程竟是堂堂必到，沉溺于甲骨文或雄劲，或矍铄，或如英雄驰骋般张扬，或如小家碧玉般娟秀，对于常老师所留誊抄甲骨文的作业更是甘之如饴。害得几位好友大呼冤枉，本想“轻松”上课，没想到却选择了一门作业量如此之大的课程，最重要的是还没法用电脑进行“借鉴”。

后来，父亲见我对甲骨文如此着迷，便送给我一本《汉字王国》作为礼物。这本书的作者是一位瑞典的汉语教师，她从与人的生活息息相关的字进行细致讲解，从甲骨文开始讲述中国文字的发展与特点，从外国人的角度分析和描述中国人的生活方式，从生活方式的演变解读着汉字的变化。引用作者林西莉的小引：“本书的中心是讲述一个‘故事’……我选择了使用自己的话讲述这个‘故事’，而不是采用学究式的论文体……”故事，又是一本可以轻松阅读、学习的书籍，我喜欢，这本书现常伴书桌左右。

从 2010 年进入方志出版社工作至今已五年，进社时我问自己，什么是年鉴？什么是志书？当时，第一反应便是《汉字王国》是不是就是志，志就是记载历史，又为人所认同，并乐于阅读。随着入社后的工作积累和学习，对年鉴和志书的认识自然是更加清晰、规范，从一开始的苦于阅读到现在的在志书、年鉴中寻找乐趣，可说是我这五年来最大的变化。

地方志书中的建制沿革、风俗、艺文、美食为吾所爱，在审读稿件的同时更扩展了眼界和知识面。有关方言的专业志中，地方独有的称谓和用词每每阅读都别具特色，细细思考可品风土人情。最大的收获是日前为《北京文化艺术年鉴（2014）》出版进行总结时有感。翻看往年的《北京文化艺术年鉴》，2008 卷中所记录的奥运文化艺术活动，2009 卷中那场“无与伦比”的奥运会以及广大艺术家和群众围绕奥运所创作的作品；2012 卷集中展现的建党 90 周年和辛亥革命 100 周年主题；2013 卷记录的围绕纪念毛泽东《在延安文艺座谈会上的讲话》发表 70 周年和迎接中共十八大所展开的系列活动，以及大量由文学作品改编而成的电影、电视剧的出现；2006 卷的章节和体例的修改，2012 卷“重要会议、重要指示、重要活动”的创新尝试等。让我深深地感受到，志书、年鉴并不是一成不变，他在记录历史发展、变迁的同时，更是饱含热情和创作激情的作品。志书、年鉴不光记录着历史发展过程中的光辉，也记录着坎坷与崎岖，更镌刻着编者与编辑的艰辛和成就。

这部年鉴让我真正感受到了在 2005 卷首卷前言中编者提出的“让读者时时感受这座城市浓厚和热烈的文化氛围，感受到绚丽而时尚的艺术气息”。更让我回顾这五年来审读过的各类书籍，无一不是编者、作者呕心沥血的成果，能够见证、参与到这些书籍的编辑工作中，给予了我极大的成就感与荣誉感，我坚信，这也是从事其他职业所不能获得的快乐。

工作之余，我的快乐来源于同事和社内美丽的景色。2010—2015 年，我们从中国社会科学院辗转搬到了现在的国家方志馆，从“形分瓣瓣莲花座”的银杏满地到今年的“秋雨梧桐叶落时”，一切都在变化，但似乎在变中还蕴含着未变。

时值方志出版社 20 周年社庆，做此文，以庆，同时也可说是这 5 年来工作所得的回顾和感悟。

我与方志出版社同行

顾　洁

2012年硕果金秋，我带着对未来的美好憧憬走出大学校园，踏入方志出版社的大门。今天，我工作三年，正值方志出版社20岁生日，喜悦而又感慨万千，回想起我初次接触志书的情景。

我刚到出版社，就有幸被分配到《汶川特大地震抗震救灾志》项目组做编务工作，这部志书卷帙浩繁，其中印象最深刻的就是图志卷，志中登载的照片再现了汶川特大地震惊心动魄的场景和全国上下勠力同心的救灾场面，让我一面为汶川遭受如此创伤感到难过，却又为中华民族在困境中永不言弃、攻坚克难的精神感到自豪。这让我真实地了解了志书存史、资政、教化、育人的重要作用。

《海港区年鉴（2012）》是我审读的第一部稿子。我依照“国标”和《地方志管理条例》《方志出版社手册》，在领导和同事的悉心教导与帮助下对书稿进行细致的修改，得到领导和作者的好评。自此，我信心大增，于是开始审读第二部稿子《句容年鉴（2013）》，我满腔热血地决心要消灭书稿中的一切错误。经过加班加点的“认真”审读，厚厚一摞稿子已被我改得“面目全非”，红色笔触如画中肌理一般纷繁。作者拿到稿件已无法辨认讹误，且存疑义，经由旁人点拨，才发现是我犯了无知妄改之错。于是我赶紧重新打印一份稿件，一边请教老师，一边核实修改正误、重新誊样。吃一堑长一智，经过这次教训，让我认识到编辑要靠点滴积累，修改稿件要有理有据，一定要不断学习，提高自身本领，才能成为一名合格的编辑。

三年来，从对志书年鉴的一无所知到可以独立审读，再到如今独立承担出版项目，我收获良多。出版社也发生着翻天覆地的变化：我们的办公地点由原来狭小的公寓搬到了如今宽敞的国家方志馆，书库也由通州迁至方志馆，办公条件大大提升；办起了自己的方志食堂，大家再也不用为早饭和午饭发愁；还在顶楼设健身房，办公之余可以调节心情、增强体魄，从而保持良好的工作和生活状态。

方圆天下，志书今古。时值出版社20周年庆，借此送上我的祝福与感谢：祝出版社蒸蒸日上，感谢亦师亦友的领导与同事！

新手上路，人在志图

朱　姝

我喜欢一个人坐在台灯下，津津有味地浸淫于书稿中，徜徉在志书年鉴的字里行间，搜寻着每一座城市文化的脉络。每当穿梭于高楼大厦鳞次栉比、充满钢筋水泥的森林，我更多地还是怀念书页里的安静的城市，在文字中见证城市的发展变化，用心感悟城市所奏出的每一篇华美乐章；在文字中感悟来自秦汉瓦的风韵、亭台楼阁的景致，官署民居的古朴。

依然能清晰地记得第一次到方志出版社的日子。那一天，我满怀对编辑工作的敬畏与忠诚，满怀以文字世界找回内心的期望，更准确地说，应该是梦想，来到了位于潘家园东里 9 号的这栋四层小楼。由此，梦起航了。

未踏入这个行业之前，我只看到编辑这个职业表面的华衣。真正站在这个岗位上时我才了解到，光鲜的背后，是方志人默默无闻的耕耘和付出。从研习《编辑工作手册》《方志出版社管理手册》《出版法律法规选编》等书籍，再到后来审读书稿、独立撰写审读意见和发稿单，这一路布满了荆棘，凝聚着我与部门老师们的汗水。我就像同部门老师们辛勤浇灌的一颗小树苗，一天天地茁壮成长起来。“爱人者，人恒有爱；敬人者，人恒敬之。”现在想来，庆幸自己可以成为方志人的一份子。我也为自己有幸成为方志人感到无比的骄傲。每当有人问我“你在哪里工作”时，我总是会自信满满地说：“我是方志出版社的一名小小编辑。”每当他人听到这样的回答，总是啧啧称赞，投来敬佩的目光。这种敬佩的目光仿佛是一种光环，我深知，这是每一位方志人多年来不问名利、埋头奉献、留给大家的集体印象。我倍加珍惜这种荣誉，无时无刻不以此为骄傲，待人接物有礼有节，与人交往不卑不亢。作为方志出版社的一员，无论何时何地，都要严格要求自己，无愧方志人的称号。

入职半年以来，我学会了用眼去观察，用头脑去思考。作为人在志“图”的小小新人，用文字见证每一座城市、每一个领域的变化，用心感知方志的动人之处。我深知，这半年的时间，仅仅是我在新的人生征途中迈出的一小步，今后的路还很长。“路漫漫其修远兮，吾将上下而求索”——编辑职业崇高而神圣、任重而艰辛。在社领导和同事们用真诚和热情所汇集的爱的洪流的强劲推动下，我一定会以百倍的信心和勇气面对今后人生前进道路上的更大挑战，用爱自己家一样的情感来热爱我们这个方志大家庭，充满激情地工作。

志缘

李志瑜

第一次接触志书，是 20 多年前，因为组织上要核查父亲最初参加工作的单位性质，父亲让远在河南老家的叔叔帮忙查找当地县志，县志邮寄过来，上面清楚地记录了该单位是中国共产党当年在老区建立，确定了父亲 1943 年参加革命的事实。第一次知道，志书的作用，可以还原历史。

再次接触志书，是 10 多年前，因为先生研究历史，他经常全国各地的去查找资料，而志书是其中重要的资料来源。我的家里，有一个房间三面是书架，里面志书占了大部分。

从未想到，有一天我会真正地与志书结缘。2007 年，我告别了挚爱的媒体工作，开始了出版社工作生涯。那时候，我对出版社一无所知，想着只要不离开我喜欢的文字工作，在哪里工作都一样。然而，30 多岁，职业生涯重新开始，心中依然充满了忐忑。

方志出版社以出版志书和年鉴见长，编辑每天要看大量的文字，而这些文字包含着各个领域的术语、历史、数字罗列，编辑需要有大量的知识储备，更需要不断地知识更新。比如：现代汉语词典第5版（2005年6月出版）中“下工夫”，现代汉语词典第6版（2012年6月出版）中“下功夫”，说的是一个词，用的字不相同。如果没能及时地更新知识点，就会不经意的犯错误，而这对编辑工作是致命的。

每一年，我至少要审读十本志书或年鉴。我常想：这些东西承载着历史，如果我们有一点疏忽，后人就会在错误的基础上领会知识，这是多可怕的事情。或许心理素质不够强，偶尔会在梦中惊醒，然后回忆半天，是不是哪本书该交稿没有交？是不是上一部书有一个知识点错改了？

我和朋友说，我们编辑的每一本书都像自己的孩子，希望他是优秀的、健康的。我们在孕育时（审稿时），期待（希望快些看完）、难耐（生涩的数据，看得脑袋发胀）、忐忑不安（唯恐不经意错改、漏改，百密也会疏一漏）；出生后（书出版了），激动（自己编辑的成果，所以高兴）、紧张（害怕里面有瑕疵）、些许惶恐（总是有不尽如人意的地方）。

贝多芬有一段名言：“涓滴之水终可磨损大石，不是由于它力量强大，而是由于昼夜不舍的滴坠。只有勤奋不懈的努力才能够获得那些技巧。”我想，努力工作的过程就是我们获得果实的机会吧。为了不负编辑这个工作，我从来不敢懈怠，每天努力地充实着自己，多读、多听、多看。只要自己走的每一步都认真、坚定，有一天回首往事，终不会负疚。人这一辈子，爱好与工作能够结合，是一件何其幸运的事情。为了家庭，离开媒体，曾经让我很失落。今天，依然能够做着自己喜爱的文字工作，对我而言，也算是一种幸运吧。

感谢命运与选择，为了这份缘分，我还会一如既往地坚持、努力。也愿我们共同的家园——方志出版社，明天会更好！

方志出版社二十岁生日之感

黄　彦

人们对时光流逝之快有一种说法叫“弹指一挥间”。想来确有道理，方志出版社迎来了20年社庆。回首往事，浮想联翩，欣然命笔，有感而发。

方志出版社，创建于1995年，是应中国编修地方志优秀文化传统和盛世修志之需要而生，是中国盛世修志大好形势的产物。在1995年建社初期克服了人员少、经费紧张、设施简陋等困难，逐步完善了编印发体系。经过20年的努力拼搏，我社的工作取得了长足的进展和令人欣慰的成绩，软硬件环境逐年改善，为出版社下一步事业发展提供了良好的物质保障。

总结20年来出版社事业的发展，我们可以得出以下几条基本经验：始终坚持正确的出版导向，始终把社会效益放在首位，是保证出版社健康发展的生命线；始终坚持正确的发展战略和先进的出版理念，是出版社事业发展的战略保障；始终坚持体制机制创新，是出版社改革发展的动力；始终坚持人才强社理念、注重社风和队伍建设，是出版社事业发展的根本。

经过20年的发展，我社全体员工逐步增强了合作意识，提升了团队精神，努力处理好个人利益、局部利益与大局、全局利益的关系，我们一直对照“出版人”的专业要求加强理论和业务学习，提高出版政策水平和业务技能，建立互联网思维，创造性地开展工作；每一位员工进一步强化岗位责任意识，遵守工作纪律，端正工作态度，改善工作作风，提高执行力，同心同德，开拓奋进，共同推动我社成为全国唯一国家级志鉴专业出版社而努力。

“雄关漫道真如铁，而今迈步从头越”。我社改革发展的20年，以其骄人的辉煌成就已载入了我社史册。今天作为中国梦的一个里程碑，全社上下齐心聚力、同心同德、共谋发展，为早日把方志出版社建设成为方志界唯一名社而共同努力！

廿载艰辛，一代辉煌，感慨万千，抒于不尽，祝年轻奋发的方志出版社再创新的辉煌！

社庆有感

何明忠

（一）

茫茫志海占鳌头，
寂寂书山铸高楼。
欲问廿年何可道，
汗青卷卷照神州。

（二）

二十社庆盛世逢，
喜上眉梢泪朦胧。
踌躇满志今胜昔，
再谱华章耀苍穹。

梦的起航

罗　滔

背负着人生理想的行囊，
来到了方志这个温暖的地方。
从此，热情将青春尽情地燃烧，
笃睦让信念和斗志流淌。
多少崎岖和坎坷的道路，
我们一起毅行和坚强；
多少风雨如晦的岁月，
我们一起奋发和昂扬。
在这里，生活充满了阳光；
在这里，梦想插上了翅膀；

我们用团结凝聚了力量，
我们用勤劳实现了梦想。

这是一个让梦启航的地方，
无数辛劳和汗水的洒落，
让远行的风帆迎风飘扬。
二十年风雨如晦的历程，
见证了方志人的坚韧和顽强。
感谢方志，让我不断地成长；
感谢方志，让我实现了理想。
方志人的坚韧、团结、奋进，
让我深深爱上了这个地方。
修志问道，我们同心同德；
以启未来，我们甘历沧桑——
我们会用青春、热血和激情，
为方志的明天再铸辉煌！

谈“方志出版社二十岁生日”所感

齐　笑

时光荏苒，岁月如梭，转眼间方志出版社迎来了她的20周岁生日，在这样一个喜庆的日子里，我们这个大家庭中的每一位成员都分享着各自的喜悦与收获。就我个人而言，也是兴奋不已，颇有感慨与寄望。

3年前我走出象牙塔，怀揣着梦想，欣喜地步入工作岗位。上了十几年的学，我自认为从小到大学习成绩还不错，做编辑工作不在话下，应该很容易上手。“纸上得来终觉浅，绝知此事要躬行。”深入编辑工作中，才自愧掌握的那点儿知识、技能还远远不够。多亏了领导和同事们的指导与照顾，才使我能够顺利地开展工作。经过三年多的磨炼，当初那个畏手畏脚、生涩怯场的女生不见了。现在的我，能够虚心接受批评，努力完成工作，在出版社的培养下，使我变成一个踏实做事、体谅他人、团结向上的大人。这几年，我为能够更好地胜任本职工作，通过努力考取了编辑中级资格证；为拓宽业务渠道，服务好现有作者的同时，也积极联系潜在客户……从多个方面掌握工作技能，不断地从各项工作中锻炼自己。我深知这是方志出版社给了我历练的机会，我更应该在自己的岗位上恪尽职守，钟情于我的工作，脚踏实地地、真真正正地做一名方志人。

虽然没有亲历方志出版社这20年的风雨，但仅工作了3年，便已觉得现在的方志出版社已与我初来乍到时的景象截然不同。我们在冀祥德社长的带领下，出版社不仅在地方志类图书的出版质量上更独具优势，还成为中国地方志图书的专业出版基地；不仅工作环境得到改善，搬到了国家方志馆工作，还有了自己干净整洁的食堂；不仅员工工作热情持续升温，员工工资也连续3年上涨……这一系列的变化都与社领导的正确领导密不可分。看到社长不辞辛劳地加班工作，员工们谁也不甘落后，都积极努力地工作起来；看到社长亲自率队参加社科院组织的各项比赛，员工们更加卖力训练，全身心地投入比赛中……出版社里凝聚着满满地正能量。

欣喜的同时，我也深知，成为最优质出版社的路还很长，成为优秀方志人且需不断地努力磨炼。但无论怎样，我都愿意，愿意在方志出版社的下一个20年里，甚至下下一个20年里，都与她风雨相伴，同欢笑，共经营。

“酒浅”情深，我愿再次为她送上祝福：方圆天下，志书古今！方志出版社，20岁，生日快乐！

“时”“势”结合 前途无限

张 昊

在北国飘雪、银装素裹的美丽季节里，在这辞旧迎新的喜悦时节，全体方志人迎来了出版社成立20周年这一盛事。在20周年这个交汇点上，眺望未来，我们信心满满，时与势都在我们这边。

方志出版社的发展，正当其“时”。党的十八大以来，地方志工作迎来了新的“春天”，方志事业受到了中央的高度重视。以习近平同志为总书记的党中央多次就史志工作发表重要讲话，从历史和战略的高度重视和加强史志工作，为方志事业的未来发展指明了方向。随着我国文化事业的深入推进，优秀传统文化当代价值的深入人心，广大干部群众文化自觉的意识日益提高，对地方志事业地位和重要性的认识日益深化，越来越充分地认识到地方志在建设中华民族共有精神家园中的重要作用，对于优秀的志鉴图书的需求日益增大。

面对这样的发展时机、历史契机，我们更应该认清大局与大势，不断增强发展信心。

发展之势，在我们这边。2015 年 8 月，国务院办公厅发布了《全国地方志事业发展规划纲要》。作为贯彻规划纲要的重要抓手，中国地方志指导小组办公室在全国实施了"十大工程"。在这十大工程中，每一项工程都与出版社的未来息息相关：地方志专业出版基地建设工程为出版社的未来发展指明了道路，定下了标准。名镇志工程、志书精品工程、民族地区与贫困地区志书出版资助工程、"一体两翼"用志工程正在出版社如火如荼的推进着，目前已有多项成果面世。在未来的几年中，还将有大量的优秀成果将从出版社走向全国。

人心之势，在我们这边。2013 年 8 月以来，方志出版社面貌焕然一新。在冀祥德社长的带领下，原有的误会隔阂消失了，大家团结一心，业务范围大幅扩展，能力水平迅速增强。广大职工收入逐步提高，员工福利不断增加。食堂的建立，让大家吃得安心，吃得放心，解决了多年来午饭"打游击"的痼疾。健身房、羽毛球场地的设立，让大家玩得开心，练得舒心，强健了体魄，舒缓了情绪。

社庆 20 周年之际，方志出版社正向着未来美好前景快步走去，向着出版集团的宏伟目标不断推进。时和势都在我们这边，我们有能力也有信心在未来去赢取更大的胜利，收获更多的成果。祝出版社未来越来越好！

万里之行，始于方志

陈　效

读万卷书，行万里路。在京求学十二载，于 2015 年 6 月从中国社会科学院法学研究所博士后流动站完成出站考核，自此，人生开启了新的“万里之行”。其间，我也曾在最高人民检察院机关刊《人民检察》杂志社短暂工作，在法学研究所参与研究生院法学系《社科法硕》报的管理，如今，正式加入方志出版社，从事图书出版工作。细细想来，在新的人生旅途上，终究与出版结缘，并以方志作为我人生的新起点。

虽然只是短短数月，但在方志出版社这个温暖的大家庭中，在领导、同事的关心与帮助下，自以为很快便进入了角色。在这一过程中，逐渐学会很多关于图书出版、志鉴编校等方面的专业知识与技能，也开始感受到象牙塔之外的人生别有一番滋味，更对自己的人生旅途有了新的思考。于我而言，这份工作并不仅是养家糊口的一份生计，还是人生旅途的一种体验，更是立足于世的一次试炼。值得庆幸，所有这些所学、所感、所思都将成为我今后的宝贵财富，为“万里之行”打下稳固的基础。

从事编辑工作，首先便要有一颗严谨之心。对于编辑而言，尤其是书稿编辑，大到书稿结构、体例，小到文字、符号，均应该本着严谨的态度，仔细修改。这也是我参与审读书稿以来，最直观的感受。特别是对标点符号的检查，稍有错误，便可能导致全句文意截然不同。并且，标点符号往往穿插于文字之间的角落，如果不能做到细致的审读，便容易漏掉错误之处，导致文意错误，甚至是造成重大的政治错误。

从事编辑工作，还需要有一颗忍耐之心。一部志、鉴书稿，少则四五十万字，多则上百万字，摆在案前，多是厚厚一本。审读这样一部书稿，往往需要十天半月，如果没有足够的忍耐之心，很难做到仔细认真地通读全稿，如此便难以发现每一处错误。因此，每逢拿到一部新的书稿，便要做到不急不躁，有耐心地进行审读。同时，不同书稿之间质量不一，面对错误较多、质量较差的书稿，更需要一颗忍耐之心，这样才能完成一次高质量的审读过程。

从事编辑工作，更需要一颗责任之心。图书质量是出版社生存与发展的重要指标，而一本书的质量又取决于编辑工作。因此，作为一名编辑，更需要有一颗责任之心。这不仅是对作者负责，对出版社负责，更是对自己负责。可以说，责任之心也蕴含在“责任编辑”一词之中。

当然，编辑工作不尽于此。在今后的很长一段时间里，我还将会在这里学到更多、积累更多，为出版社的发展付出自己的努力，为“万里之行”迈出坚实的第一步。

我所知道的方志出版社
——写在二十周年之际

宁 芳

2015 年，方志出版社迎来了它的 20 岁生日；也是在这一年的夏末初秋，我走进出版社，成为了其中的一员。20 年的时间，于一个人而言，是青春岁月；于出版社而言，是风雨兼程。20 年前，它刚刚“出生”，而我还只是一个刚进入初中的学生。20 年后的今天，它已成长为在社会上尤其是方志界具有专业影响力的出版社，我有幸坐在潘家园东里 9 号的这栋五层小楼的办公室里，零距离地感受着与它的缘分。

身为一名进入出版社刚满三个月的新人，总是要将更多的精力放在适应出版社的节奏、掌握工作流程、熟悉环境、完成任务上的，更多的是跟随它，来不及或者也可能是无意识去主动、深入地了解它。

一次在出版社门口打车，上车后司机问我：“你这是从哪个单位出来的？”

“方志出版社。”

“出什么的？”

“就是志书、年鉴之类的。”

“嗨呀，不懂啊，还真没听说过，嘿嘿。”

我没有继续解释，而是扯开了话题，并不是认为跟一个出租车司机没有必要解释，而是因为自己也不知道该用怎样更简单的话解释了。在这之后，我时不时会想起这个场景，不禁小小地憧憬一下，在宣传推广地方志鉴、扩大出版社影响力方面，我们能做的、要做的真的还有很多。可喜的是，出版社确实在行动,已经出版的《中国古代为官箴言》和正在紧张编辑出版中的“中国名镇志丛书”都是很好的实践。相信随着地方志鉴文化在基层大众中的普及，方志出版社将会为更多地方志专业系统以外的读者所熟知。

话说回来，虽然没有刻意花时间去了解出版社的发展，但也在平日闲聊时偶尔听到一些有关于它的零星片段：比如，刚创立时，办公地点并不大甚至可以说是局促，之后随着工作的开展，条件日渐改善，搬了几次家;再比如，有人有幸看到“元老级”编辑在出版社成立初期的留影，由衷地赞叹与感慨。我在这段日子里的亲眼所见和亲身经历中，也深深地感受到出版人的工作精神和集体荣誉感。这些都让我领会到,“方志出版社”只是一个名字,让它真实、丰满起来的，是在这里工作的每一位“社里人”。记录这 20 年历程的是白纸黑字的大事记，更是每一位伴随它一起成长的“社里人”脑海里的生动影像。这 20 年是大家共同的记忆财富。

将来，方志出版社还会继续迎接它的第三个十年、第四个十年、第五个十年……会有更多人加入，成为“社里人”，共同书写新的记忆篇章。

我与出版社共同走过的七年光阴

赵邈邈

我以一种简朴而庄重，激动与自豪的心情来庆祝方志出版社迎来第 20 个生日。

方志出版社于 1995 年成立，是在中国地方志指导小组和中国社会科学院的领导下诞生，成长起来的。从无到有，由小到大，特别是在改革开放之路中，受到了锤炼，吸取了丰富的营养。

20 年来，我社始终将党中央制定的基本路线作为出版社发展的理论依据与实践，取得了巨大的成绩。现在已经成为一家影响广泛、地位作用独特、经济效益显著的全国地方志专业出版基地，声誉响遍国内外。“盛世修志”，充分体现出我国改革开放政策的光明、伟大。方志出版社在出版界是一枝独秀，唱响了时代的主旋律，出版了一批扛鼎之作和重大工程，补充了文化遗产中的空白。2008 年，《新中国的考古发现和研究》《清代全史》和《学问有道——学部委员访谈录》入选第二届“三个一百”原创图书出版工程。

2006—2010 年,《中国方志通鉴》《哈尔滨犹太侨民史》《清代全史》《日本经济发展模式再探讨》《中国老工业基地可持续发展战略研究》《学问有道——学部委员访谈录》入选“十一五”国家重点图书出版规划。2011—2015 年,《中国海关通志》《广东省志(1979—2000)》和《汶川特大地震抗震救灾志》入选“十二五”国家重点图书出版规划。《学问有道——学部委员访谈录》获第二届“中国出版政府奖”图书奖提名奖。

20 年来，我社在不断发展和前进中培养了一支高学历、高素质、专业化的队伍。从社科院各学科的专家学者、老同志，到地方各省、市、县志办，积极加强联系与配合，使工作有声、有色、有内容，更加接地气，我社的发展在市场竞争的大环境中，取得了突出的成绩，探索出了一条独具特色的专业化发展道路，形成了自己的企业文化，力求志书精品，社科奇葩。

我在这个大集体中，深刻地体会到了特殊的文化气息。从无知到了解，再到进一步学习，更加体会到这项工作的伟大意义。它好比一个国家、一个民族的精神支柱，更是每一个人的精神食粮。具有感化人，塑造人，教育人，激励人，辅弼国治的重要社会功能。它就是一个国家、一个民族的魂。

从 2008 年来到方志出版社工作至今，作为总编室的一员，我已经与出版社共同走过了 7 年时光。感谢出版社为我在人生道路上提供磨炼的机会，我愿意在今后的工作与生活之中，与出版社共同成长。

雪夜小记

——庆出版社二十周年

赵　悦

“小街数堆雪，路灯微黄昏。飘光声飒飒，疑是夜之琴。”看着好友写的诗歌，望着窗外珊阑的灯火，笔记本上便多了寥寥几行清瘦的字句。

回想起来，2011 年离开学校，作为新人，作为步入社会的第一份工作，我对出版社的一切都感觉新鲜和好奇。那时的我对方志知之甚少，却也被那些记载历史文化传承的书籍和相关修志工作深深吸引。

“纷扬雪绒花，洁白众精灵。雪光滑如镜，月光平如冰。其上往来人，宛在天空城。”望着窗外的飘雪，不觉间，出版社已伴我四个春秋，让人不禁感叹。在总编室工作的四年里，弹指瞬间，却又弥足珍贵。在刚开始工作的日子里，对新环境的陌生感，对新领域的认知，有恐惧，有探索。而在这四年工作中，特别是在领导和同事们的帮助、鼓励支持下，慢慢蜕变成长。感激出版社提供给我锻炼的平台，感激出版社带给我的收获。

二十年传承跨越，二十年方志人并肩携手成就了方志出版社的今天。

荣誉承载过去，开拓旨在未来。过去的20年只是历史长河的一瞬间，在以后的日子里我们要再接再厉，奋发向上。新的领导班子从依法治社、建章立制、强化管理、引进人才、提高素质等方面入手，不断摸索、改进和完善各项工作，出版社开始进入转型发展时期，经营管理逐步步入法治化、科学化的道路。在新的形势下，赋予了方志出版社更广阔的使命。

也许在许多人眼里，管理图书流程的工作单调而平凡，然而就是这个看似简单的工作岗位却在图书出版中承载着重要的意义。有人说，管理图书流程能有什么技巧，谁都能干，可是想要做好这项工作并不容易。它使我懂得了图书出版的流程，同时让我更加细心、全面的考虑问题。

我会牢记出版社的方针、定位和理念做好自己的工作，奉献自己的力量，与出版社共同成长。“海阔凭鱼跃，天高任鸟飞”，相信，只要方志人立足于自身的优势，整合资源，打造精品，形成人才和产品优势，就会创造出一片更为广阔的新天地。

回忆过去：网站走过的历程

胡福全

2015 年是方志出版社建社 20 周年，借着 20 周年的由头，我努力地回想着十几年前我来出版社做了什么，乘着岁月的“时光机”，我回到过去截取了一些当年网站的首页图片，与今天的一对比，你的感受就是我的感受。下面是我整理的 2002 年网站的首页截图，你也看看，权当怀旧一下吧。

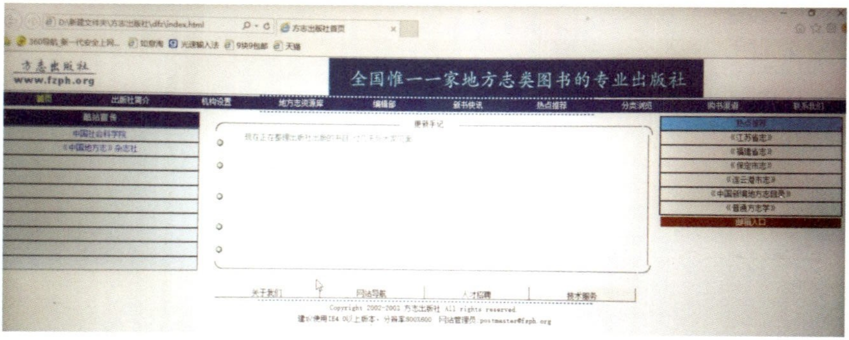

图 1　2002 年网站首页

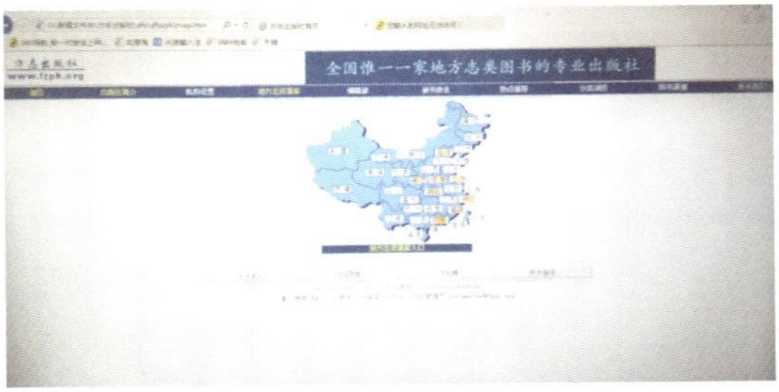

图 2　2002 年网站首页

1. 2003 年的方志出版社网站（www.fzph.org）首页。其实当时还是静态网站，网站名字只是由汉字与网址名称组成，横幅是全国唯一地方类图书专业出版社，由于年代久远，已不能反映当时的全貌了，当时还未采用现在使用的 LOGO。当时网站已采用蓝色为网站主色调，蓝色之外，还夹杂着淡绿色、淡蓝色等杂色，但是网站风格，简单清新。

2. 2005 年的方志出版社网（www.fzph.org）首页。这次网站改版中首次使用网站左上角的这一 LOGO，当时做这个网站时，我还在发行部，负责网站与图书销售，所以，网站主要功能是实现图书网上销售，当时销售还不错，主要以图书零售为主，注册会员达到 300 多人。浏览人数达到 17 万人次。网站采用 ASP 架构，技术在当时还比较前沿。回忆一下当时的清新画面。

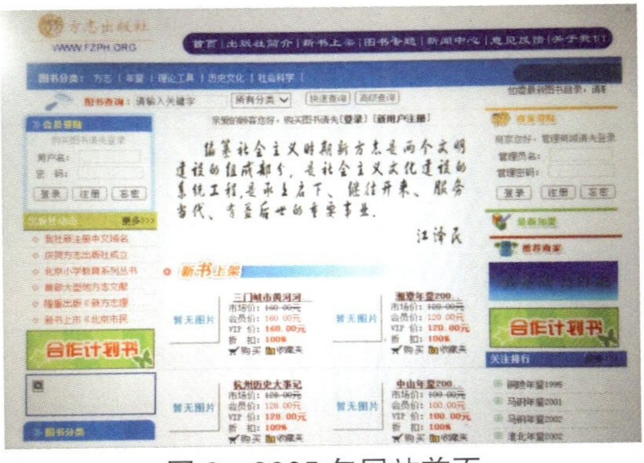

图 3　2005 年网站首页

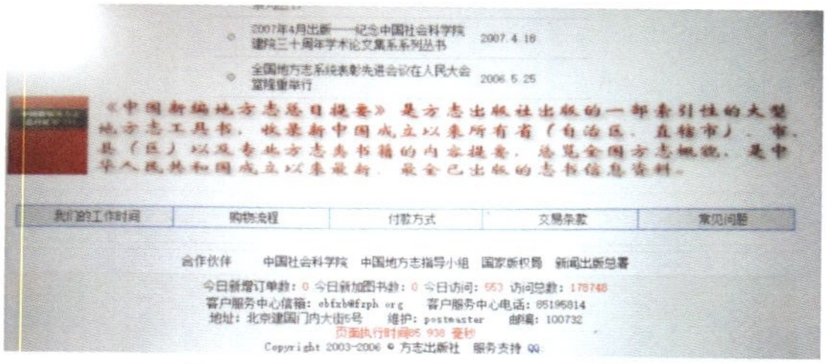

图 4　2005 年网站浏览人数

3. 2013 年的方志出版社(www.fzph.org)首页。这个时期重新进行了改版，网站主要功能是新闻资讯和出版社各个部门的专题，改版确实是给当时出版社带来活力，也改变了出版社网站停止的状态。

图 5　2013 年方志出版社首页

4. 2015 年的方志出版社首页。网站 LOGO 回到了首页左上角。但名称方志出版社网改成中国方志出版网，要做全国唯一国家级志鉴专业出版社，要努力打造成全国地方志专业出版基地。在今天的首页上看不到一丁点与原来布局相同的地方，网站理念也有清晰的定位，网站主要功能是新闻版块、图书版块、销售版块三大板块。网站设计风格更漂亮了。

图 6　2015 年方志出版社首页

方志出版社网站从开通到现在共走过了 12 年，从一个简单的静态网站到今天动态交互网站，功能具备了搜索、新闻、销售，实现了质的飞跃，我相信出版社今后的发展会越来越好，出版社的信息化建设也会与时俱进，出版社明年还有名优工程、精品工程、数字工程，都会在中国方志出版社网站看到。下一个 20 年，方志出版社将实现更多翻天覆地的变化，会有一个更加令人遐想和惊喜的未来，会实现更多不敢想象的新功能。

新的工作，新的起点

刘 珊

2015 年 9 月 1 日，怀着激动的心情来到方志出版社，成为出版社一名正式员工，面对离开校园后的第一份工作，内心紧张而又兴奋。但出版社温馨的工作环境让我感到温暖，感慨自己是如此的幸运。

有幸分配到总编室，协助老师处理网站事务。也许是一种巧合，恰逢出版社网站——中国方志出版网更新上线，在工作的第一天，胡福全老师就全面、细致地介绍了网站的更新过程及目前的运转情况。在他的指导下，我开始接触并渐渐熟悉网站工作，加上之前有过网站编辑的实习经验，便很快进入工作状态，并完成了布置的两个任务：通览网站，将存在的问题一一列出，交胡老师对网站进行修改，以便进一步完善网站；整理网站书讯、书摘、书评三个栏目的基本格式。经过 3 个月的工作，目前，已经明确了自己的工作职责：协助老师处理网站的日常事务，上传中国地方志指导小组办公室信息处传过来的新闻稿件，上传出版社图书信息，撰写出版社通讯稿并上交中指组信息处（由其上传至“方志中国”微信），看似简单的工作，却需要认真、用心对待。

进入 11 月份，根据中国名镇志丛书项目的需要，我来到综合编辑部中国名镇志丛书项目组协助处理该项目相关事宜。在李江主任的介绍和讲解后，了解了自己需要做的工作：登记名镇志申报表并检查是否有内容缺漏，登记各部名镇志的到稿情况并寄送给相关审稿专家审读，专家审读完毕的稿件根据实际情况处理（是否需要寄回作者修改），对达到出版要求的书稿做上会准备，验收会结束后书稿便进入出版流程。除了这些出版之前的各个流程外，自己也开始接触出版流程，逐渐掌握了该项目的整体工作流程和具体工作。虽然工作繁琐，需要足够的认真和耐心，但这个过程也让自己收获颇丰，真真正正地接触到出版工作，更加坚定了自己当初想要在出版社工作的决心。尤其是各位编辑老师，为了保证名镇志稿件高质量出版，辛苦加班却从不叫苦叫累，默默工作着，让我很受教育。

自己还是一个初出茅庐的出版新人，希望在方志出版社工作期间，能快速成长，在今后的日子里，能无愧于心。

蜕变

石　凯

两年前印象中出版社环境是嘈杂的、空气仿佛也是窒息的，而现在整洁的办公楼层，温暖贴心的食堂让我心存感激，倍感幸运。

一年前初入出版社时微薄的待遇让我失落不安，当听到这还是增长后的薪资后我又惊叹不语，而现在每一年的点滴进步让我信心满满，对未来充满希望。

如今社里一系列的计划和举措又让我倍感鼓舞和压力缠身：新入职员工的岗位培训、“十大工程”的贯彻落实、方志书店的开业运行……庆幸的是作为一名新方志人遇到了方志事业发展的美好春天，只要心有所想，行有所为，每一个方志人都有出彩的机会；但同时又倍感压力，这压力不仅来自正在实施的“十大工程”对我们每一个人的严格要求，也不仅仅是党中央对方志事业的高度关注，更多是缘于方志事业是一项严肃的、神圣的要对子孙后代负责的大业。

习近平在莫斯科国际关系学院发表的演讲中曾说不能身体已进入 21 世纪，而脑袋还停留在过去。在这样的时代、如此的时期，方志出版社的每一个员工都应有清醒的认识，要么搭上方志事业发展的顺风车一起腾飞，要么错过这千载难逢的机会从此一蹶不振。其中，“十大工程”是这辆顺风车的引擎，关键要把它们落到实处。制定一项好的举措不容易，把措施落到实处更不容易，我们每一个部门都要不折不扣地执行“十大工程”的相关规定，把要求落实到每一项工作、每一个环节中，真正服务于“十大工程”这个大局，做到言必信、行必果。

诚然，任何发展和蜕变都是有代价的，中间会有不适应，甚至短暂的疼痛感，咬咬牙坚持下去了就是赢家，跺跺脚挥手告别就是一个新的开始。此刻，我想到了伦敦威斯敏斯特大教堂地下室的一段碑文：

当我年轻的时候，我的想象力从没有受到过限制，我梦想改变这个世界。

当我成熟以后，我发现我不能改变这个世界，我将目光缩短了些，决定只改变我的国家。

当我进入暮年后，我发现我不能改变我的国家，我的最后愿望仅仅是改变一下我的家庭。但是，这也不可能。

当我躺在床上，行将就木时，我突然意识到：如果一开始我仅仅去改变我自己，然后作为一个榜样，我可能改变我的家庭；在家人的帮助和鼓励下，我可能为国家做一些事情。然后谁知道呢？我甚至可能改变这个世界。

“打造全国专业志书出版基地”是社领导的战略部署，赚满腰包、过上更美好生活是全社人员的新期待，而兑现承诺、顺应期待，积极蜕变绝不能半途而废。

注：“十大工程”指民族地区与贫困地区志书出版资助工程、中国志书精品工程、中国年鉴精品工程、中国名镇志文化工程、中国名村志文化工程、全国地方志“一体两翼”用志工程、全国信息方志与数字方志建设工程、方志馆研究建设及全国地方志专业出版基地建设工程、中国地方志学科建设与人才队伍建设工程、方志文化走向世界工程。

为二十岁的方志出版社唱出最朴素的赞歌

颜桂华

方志社庆二十载，家训官箴齐喝彩。
名镇名村战鼓鸣，出版基地展未来！

领导步伐不停歇，群众脚步紧随行。
中国梦之方志梦，齐心携手创共赢！

为20岁的方志出版社唱出最朴素的赞歌！

时光如流水，方志出版社已走过了20个年华，作为方志出版人，我由衷地感到骄傲和自豪！

我于 2009 年来到方志出版社工作，在入职初期，领导的关怀和同事们的热情帮助，让我迅速地融入到出版社这个集体中来，也慢慢适应了出版社的工作节奏。而今，我静静地坐在电脑前为出版社成立 20 周年纪念留下自己的感悟。我虽然没能赶上出版社的诞生，但却有幸庆祝出版社的 20 岁生日。近几年出版社的变化与取得的成绩让人惊叹，让人欣喜！作为出版社的财务工作人员，我看到员工们忙碌的身影，看到同事们一丝不苟的工作态度，看到了各项工作紧锣密鼓地进行，看到了改革创新的成效！领导的睿智管理，员工的不懈努力，让出版社充满了活力，从不知名的小出版社，正在建设全国地方志专业出版基地。

“方圆天下，志书古今”。二十年磨一剑，蓄势待发。出版社的舞台会因领导和员工的努力奋斗而更美好，更加绚丽多彩。在出版社这个舞台上，不论是过去、现在，还是将来，我们每个人在平凡的岗位上都在尽职尽责地奉献自己的力量。我们与出版社一起成长，一起奋斗！

我们要做的工作还有很多很多，明天是什么，明天的明天是什么，我们虽然还无法预料，但是我坚信，只要我们能够甘于为出版社奉献，以出版社的繁荣为自己的目标，我们就可以拥有更加美好的明天，就可以创造更加辉煌的方志出版社！

有一分热
发一分光

裴英惠

时间过得很快，我作为外聘人员已经在方志出版社工作5年了，5年前我怀着喜悦的心情走向了新的工作岗位，开始了新的人生里程。

我所在的出版部是一个充满温暖的集体，大家相互关心，相互帮助，为了实现出版社的工作目标，为了出版社明天的发展而努力工作着。记得2013年年底《汶川特大地震抗震救灾志》系列图书准备出书，上级部门催得很急，为加快工作进度，我们出版部主动把排版公司的工作人员请到社里来，与社里的编辑们一起对照书稿边看边改，出版部人员负责帮助核红，一直到深夜12点才完成定稿。记得2015年“三八妇女节”女同志们都放假了，为了让领导能够及时看到《汶川特大地震抗震救灾志·总述卷》第二版的样书，我们出版部没有休息，而是去了装订厂盯样书，直到样书出来后才放心离开。还记得出版社急需出版《中国社会科学博士后文库》《中华家训精编100则》及“中国名镇志文化工程”系列图书，需要出数码样书定稿，对于这项时间紧、任务急的工作，我们大家一起研究解决办法，制定解决措施，并亲自到排版公司盯着修改书稿，直到定稿，确保了这项工作的顺利完成。像这样的事例在出版部里还有很多，不胜枚举。在出版社里出版部的主要职责是：负责图书的整体设计、排版、校对、印刷、装订等工作程序的组织管理。在实际工作中要做到上下联系、融会贯通，并不是一件容易的事，这就要求工作人员要有全局观念和“一盘棋”的思想。2015 年下半年按照社里的工作要求，每个品种图书的出版都要采取招投标的方式，为此，出版部及时调整工作思路和运行机制，细化岗位分工，强化责任意识，密切与相关部门的沟通和联系，大家心往一处想，劲往一处使，加班加点，辛勤工作，任劳任怨，但是却无怨无悔。2015 年 6 月出版社领导一声令下，发动全社员工，大家齐心协力，把在通州张家湾的书库顺利地搬到方志出版社的地下书库。这期间，出版部在工作多、任务重、人手少的情况下，克服困难，安排人员参加了书库的搬迁工作，当遇到工作人员在工作时间上安排不开的情况时，就主动与其他部门的同志调换时间而不影响书库的搬迁工作。

俗话说得好，干一行，爱一行，作为方志出版社的一员，对待工作就要严肃认真、勤勤恳恳、兢兢业业、尽职尽责，来不得半点马虎和松懈。随着出版社各项工作高效、有序的开展，我看到了出版社崭新的工作风貌，社领导更严格的工作要求，也看到了全体出版社员工迸发出的积极向上的工作热情和工作干劲，在这么好的工作环境里我要更加努力工作，贡献自己的光和热。

我与方志出版社

——记在方志出版社的面试

刘　芳

时光荏苒，转眼间，已经来到方志出版社一年半了，当时参加面试的情形仿佛还在眼前：怀着忐忑的心情走进会议室，桌子对面的一排坐满了面试老师。面试小组是由社长、总编辑主持，由副社长、副总编辑和各部门主任组成，参加过很多面试，却很少见到如此多领导参与的面试，心不由地怦怦直跳。但是面试老师的提问非常亲切友好，逐渐打消了我局促紧张的情绪。

面试的内容是综合性的，不仅有专业能力的检验，还有英语能力和应变能力、组织协调能力的测试。在面试中，我印象很深的一个问题是，“作为法学专业的学生，你为什么不去考法院、检察院的公务员，而选择方志出版社？如果法院和方志出版社同时录取了你，你会怎么选择”。对于这个问题，我在面试前并没有提前准备过，但在向出版社投简历前就有了答案。公务员是一个社会评价很高的工作，也是父母眼中希望我能拥有的一个工作，但却不是自己心中理想的工作。而成为方志出版社的一员却是我向往的工作，不仅是因为在出版社工作交往的人物都是“文人墨士”，更重要的是因为方志出版社作为国内专业志书出版基地，使我对这个工作非常感兴趣。在一个向往的环境中做感兴趣的事情，并做出一些成绩，这大概就是我所追求的工作。

这场面试与我之前参加的所有面试都不同，除了面试老师提问，对于我来说，更多的是一个交流与学习的机会。当我回答对出版社的认识时，我以自己的生活经验，谈到了编辑、发行、管理等内容，而面试老师还为我补充了图书的出版流程。是啊，一本书问世，除了编辑加工之外还要通过设计、排版、印刷、装订等工作使精神产品得以物化，出版社里出版部所承担的工作是编辑工作的辅助与承接，也是发行工作的前提与保障，是出版活动的重要组成部分。就是在这次面试中，使我对出版工作有了新的认识和启发。

很幸运，一个星期后面试结果出来了，我被录取成为方志出版社的一员。虽然在方志出版社大家庭只有一年半的时间，却见证了出版社的变化与成长。双周报、周例会、社长办公会、重大项目招标等一系列制度的确立，中国名镇志文化工程、中国地方志精品工程、经济欠发达地区志书资助出版工程等一系列项目的实施，全体人员工资提高、库房搬迁、运动会取得名次等一系列成绩的取得，都让我感到由衷的喜悦和骄傲。在方志出版社成立20周年之际，我衷心地祝愿方志出版社的未来更加辉煌灿烂。

我的工作紧张又快乐

白　雪

我是 2003 年 4 月来到方志出版社参加工作的。当时社里正在从洋桥角门原地址搬迁，听老员工们讲，那里的工作条件和环境都非常的一般，而我来社工作就在社科院的大楼，心里感到很庆幸。

我刚到出版社时，出版社只有 10 来个人，一切都是那么陌生。开始的三年，我在办公室工作。办公室是出版社主要的行政部门，里里外外，大事小事数都数不清。我那个时候 26 岁，对领导交给的各项工作都尽全力完成，不懂就问、不会就学，每天的工作虽然很紧张，但又很快乐。

2007 年 3 月，我调到了发行部工作。刚开始认为：不就是卖书吗？能有多难。但一旦做起来可就不是那么简单了。什么书号呀？版权页是什么了？真是一窍不通，加上我社出版的图书都是“志鉴”。这些书过去不要说看了，就是见都没见过，怎么办？学吧。从此，我暗暗下定决心，虚心向老员工学习请教，工作中勤勤恳恳，业务上认真努力。

2015 年年初，社领导提出本年度为出版社发行工作的元年，销售任务比以往翻了一倍多，而我们的发行部却由年初的 4 个人变成了 2 个人。本来我觉得虽然销售任务太高，但毕竟还有老员工们顶着，可现在就剩 2 个人了。我心里真是没有底，日常工作中真有些紧张无序了。但随着时间的推移，决不能拖了发行工作的后腿成了我的工作目标，尤其是同事们之间的相互鼓励帮助，我又快乐起来了。往年我业务上只负责 3 到 5 个客户，今年也不分你我了。我的业务联系范围扩大了近 10 倍，往年一年的“宣传语”现在一个季度就说完了。面对着不断接到的客户订单紧张而艰巨的工作给我带来了无限的快乐，我常常这样想：这是我吗？我真的也能把工作做成这样？是的，这的确是我。

发行元年里的我，积极参与出版社各项工作。销售业绩有了很大的提高，从刚开始的 3 ～ 5 个客户到现在的 10 多个客户，我一直在努力开发新客户；库房搬迁我同样忙碌，不怕脏不怕累；社科院的运动会上跳绳比赛我们还得了团体第三名，为方志出版社争得了荣誉。

我的工作虽紧张，但又很快乐！

夜空中最亮的星
——致敬冀社

王 俊

前晚跑步时，听电台里陈奕迅唱《夜空中最亮的星》这首歌，突然想起了冀社，冀社何尝不是方志出版社 20 年历史上最亮的一颗星？这想法一经萌动，免不了去论证。虽然看似学究味儿忒重，可确实就是我的本能反应。

私下里提及冀社，潘家园东里 9 号的人总把他描述为“工作的疯子”。把一个热爱运动，工作、生活都安排得井然有序的人叫做“疯子”，我不知道这是否正确。但在其他方面说，这一比拟极其圆满地表现了冀社所给予他的同事的印象；他们实际上把他的工作激情认同到一个无出其右的地位。从 2013 年 8 月，一直到今天，人们对于这个人和他的贡献一直欠一句正式感谢的话。诚然，在日常交往中，人们也会说声谢谢。但就事论事，很快就过去了。就一个历史研究者的眼光来看，方志出版社在近两年，即在冀社担任社长之后，发生了翻天覆地的变化。这在出版社 20 年的历史上，也是最为浓墨重彩的一笔。在冀社那里，他为出版社当下和以后的发展都提供了足够的内容，甚至在稳固全国地方志专业出版基地的同时，布局抢占其他出版阵地。

这在多来年小脚走路的人看来，上面的做法太令人惊奇。但这不难理解。冀社是杰出学者和优秀企业家的综合体，而这种特质与陈腐守旧的思维相去极远。即使在整个方志界，他的崇高形象也是自成一家的。人们不能把冀社归入哪一风格。他不拘泥于任何“理论”，虽然在他制定的发展蓝图里，许多理论和策略可以找到一些影子据为己有。他似乎对出版的市场化改革情有独钟。崇拜者可以从他的讲话中采摘许多句子来支持他们的意见。可是他对于市场化的“无序”或“混乱”的蔑视是最为彻底的。像这样独立而又权威的一位社长，在表达看法时习惯于直截了当。但他词句，依然会如律师的辩护词一样严谨。一个人只要是感染上了冀社的工作精神，他就会认识到“真方志”这三个字的意义。

一、这位杰出的实干家

我们站在一个十字路口。我们大家都在找哪个方向才是康庄大道，不幸全都失败了。但当我们迷茫彷徨的时候，我们看见他宁静、庄严地向我们挥手，“跟我走，那里是路！”没有什么比这更值得我们去赞扬了。一年过去了，我意识到我对于冀社的了解比刚开始的时候还无知。的确，他是一位杰出的实干家。

冀社的方志事业形成一个一致的整体。就像在好的戏剧里每句台词都推进剧情一样，在冀社的十大工程中，每个工程都是“建设国家级专业志书出版基地”这一有机体的一个细胞，是在心中具有清晰目标的条件下制订的。这里没有资源的浪费，没有踌躇，也没有偏向，而是达到了帕累托最优。极少有人能够像他那样知道自己要做什么，作为一位杰出的实干家，本能地抓住了出版社发展的线索。不管是文化工程，还是一体两翼工程，它们总是服务于某一特定的、明确的目的；它们从来都不仅仅是文字的或政绩的游戏。这种理智的、清晰的战略规划，使我们放弃了许多临时的扰乱。这一完整的计划要是全部实现了，方志出版社的事业将会达到前所未有的巅峰。

当然，在十大工程还未全部实现的今天仍需低调，但上述这些对于在黑暗中摸索多年的我们已经够幸福了；我们还必须着重指出冀社已经为出版社做过的几件事。

首先，构建“三大体系”，破解发展瓶颈。长期以来受传统体制的影响，出版社资源出现条块分割、部门分割的情况，严重影响了市场资源配置手段作用的发挥。为此，冀社来社之初，就力主推动依法治社体系、质量保障体系、开源节流体系等三大体系的建设。确立“团结立社、制度治社、质量强社、效益兴社”的办社方针；建立五会制度（社长办公会、社务会、社月会、周例会、双周报等），研究布置全社工作;修改完善已有的规章制度;出台《关于图书印前质量检查的规定》《关于图书印制工作的规定》等新制度；对编辑项目实行成本核算制，等等。通过一系列措施，使出版社走上了依法治社的正确道路，企业声誉和个人效益显著提升。

其次,推动“四个转变”,实现可持续发展。冀社认为,出版社要敢于革命，勇于转变，方能在激烈的市场的竞争中觅得先机。上任以来，冀社着力推动“四个转变”，即推进管理模式的转变，由人治向法治转变；进行生产方式的调整，由协议出版为主向编印发一体化图书出版方向转变；改变现有出版结构，努力实现由单一图书品种向多种类的图书品种转变；建立新的经营理念，由过去的封闭型出版管理向开放型出版管理转变。两年来,成果斐然。2014年，仅编印发一体化运作图书的数量就比2013年增长了1.75倍。

最后，有必要罗列一下冀社领导大家创造的诸多“第一”。首次获得国家出版基金专项资助；首部省志入选“十二五”国家重点图书出版规划；首次获得“中国社会科学院创新工程大型学术出版后期资助”，等等。更别提，员工职称聘任工作取得的突破性进展，职工食堂的成功运营。

别忘了，这一切，都是在短短的两年时间内完成的。上述各种事实都能说明冀社是个杰出的实干家。

二、这位理论学者

作为一家方志专业出版社的掌门人，他的理论水平直接关乎着出版社声誉的高低。冀社可以说是深化了方志理论发展的理论。他的名字将与“依法治志”新的解释紧密地联系在一起。尽管人们可能举出冀社更多的方志理论成就，但和这一成就相比，其他就都处于次要地位了。

“依法治志”一词在百度的中文世界近两年出现的频率已是遥遥领先于“依法修志”，渐呈越演越烈之势。冀社的大声疾呼终于见到一点效果。从入社开始，冀社就提出依法修志的升级版——依法治志。诚然，从来没有人否认这一点，就连方志理论同行也不否认这一点，冀社本人是最不否认这一点的。冀社曾这样阐释“依法治志”。他指出，新的形势下，依法治志的核心就是要实现“四个转变”:一是实现从单一修志到地方志事业全面升级的转变；二是实现从单纯依靠行政命令组织修志到依法修志的转变；三是实现地方志工作从封闭化到社会化的转变；四是实现地方志工作从随意化、简单化到专业化、科学化的转变。

我们已经可以看到在冀社的理论中法学和方志学是如何彼此渗透的。在宗旨上，并且在某种程度上也在实践上，它们是统一的。

如果方志理论只是束之高阁，则前期的研究就将完全是贫乏的。有一点必然马上注意到，冀社他觉得有责任宣讲这一理论成果。来出版社之前，冀社从来没有在方志界活跃过。可是他实现了很多人所没能办到的事情：他将出版社打造成了一个方志知识输出的基地。2014年以来，很快出现了由一些优秀方志工作者所组成的核心，由一些不甚著名的追随者所组成的范围较广的团体，此外还有广大范围的、或多或少的肯定的信徒。学术讨论、讲座授课，冀社的足迹已踏遍了我国的大中城市，这使得地方上的方志工作者与平时难于接近的著名学者有更多机会沟通交流。冀社在走出书房看天下，指导同人治志书方面是他这位理论学者最与众不同之处，也是其他人实践的榜样。

三、这位导师

冀社来方志出版社的主要贡献现在都摆在我们面前了。那么为何要喻其为夜空中最亮的星呢？这个问题不是多余的。如果它是正确的，那么我们每个人明白这意味着什么。

我们大多数人厌恶孤单，因此喜欢交流。我不去翻故纸堆，只看办社方针里“团结立社”四个字就蕴含着无限遐想的空间。我们站在十字路口，不停地争论向左还是向右，以至于错过一个春天又一个秋天，眼睁睁地看着曾经的文献兄弟坐着飞机走出了国门。冀社来了，他严肃地说，“向前走，那里是春天！”就那么一句简单的承诺“一年一小步，三年一大步”，就让久违的笑容重回大家的脸上，出版社又处处焕发出生机勃勃的景象。关于这一方面，冀社的确是个优秀的导师。对受教者来说，他指出了一条康庄大道，这结果体现着工作的人生价值，并且还含着达到目的的指南。

说起导师，对于出版社的年轻人来说，无疑更具有一丝新的意义。能够在人生的紧要关头，跟如此优秀的人密切接近，这些心情是所有想上进的人都能够体会到的。没有什么词汇能够表明我们的幸运和他对我们的重要。我们能够如此近距离地了解冀社，了解他如何面对一个陌生的知识世界，了解他的问题在他面前表现的形式，也了解处理问题的手法。关于这一切，只要我们有心，越接近他了解得也越多。成功可以复制，冀社就是我们人生路上的重要导师，他将永远是我学习的榜样。

在上述的思考中，我粗略地回顾了冀社的些许往事，试图展现冀社的一些精神风貌和工作态势。如果我这一支笨拙但负责任的笔能够引着人们回忆往昔，品味出版社两年来的变化，我就知足了！

方志出版社的过去与今天

张　颢

方志出版社自1995年成立至今，已经走过了整整20年的历程。回首20年的风风雨雨，我们有太多的感慨，有太多的追忆。这20年一路走来，一代又一代的方志人为方志事业的发展洒下了汗水，倾注了心血。如今的方志出版社，正在一步一个脚印，日新月异，茁壮成长。

20年的积淀是一笔丰厚的财富，20年的奋斗是永远不变的历史。我们汇聚在方志出版社，我们辛勤劳作，我们收获幸福，我们亲身见证着出版社由小到大、由弱变强，一步步走向辉煌的不凡变迁。身为出版社中的一员，倍感激动和自豪。我也在出版社的工作中不断磨炼自己，虚心学习，努力完成工作，学习相关的知识技能，不断从各项工作中积累丰富的知识，在自己的岗位上认真做好本职工作，为方志事业贡献自己的微薄之力。

初期时的出版社还是在丰台区的一栋居民楼里办公，一共十几个人，地方小、环境嘈杂，午餐都是自己开火做饭，条件十分艰苦。后来，我们又经历了几次搬迁，几个人拥挤在一个办公室，光线昏暗，那时台灯是我们的抢手货，我们的职工会议甚至是在写字楼的楼道里开，摆上几把椅子，弄上一张桌子，午餐也是在外面随便凑合吃上几口，营养和卫生都难以得到保证。现在，我们在冀祥德社长的带领下，搬到了国家方志馆工作，工作环境得到极大改善，而且还有了我们自己的专用食堂。大家的工作情绪和精神面貌得到很大提高。在社领导的正确领导下，我们的书库顺利完成了搬迁工程，图书年发行量由过去的最多销售实洋几十万元达到了史无前例的销售实洋 300 万元。社长以身作则，带头加班工作，现如今员工的工作积极性持续升温，大家团结协作，干劲十足，嘴角洋溢着自信的笑容，我们正在一步又一步朝着正确的道路行进。

人的一生有很多难忘的事，而出版社的过去与今天，是我一生难以忘怀的一段旅程，此时迎来了方志出版社 20 岁的生日，20 载风雨耕耘，我愿出版社越来越美好。

杀，上网

白晓红

“杀，上网”是羽毛球的一个技术动作，它有一个空中停留的姿态，就像鸟儿要展翅，是广大羽毛球发烧友的毕生追求。如果你也喜爱羽毛球，那你一定知道“杀，上网”的魅力所在。

记得刚开始接触羽毛球的时候还是在 20 多年以前了，那个时候刚从学校毕业参加工作，条件有限，一边是呼呼冒着热气的内燃机火车头，一边是石灰地上刷着油漆的场地，几个喜爱羽毛球的老中青师徒一起开始切磋羽毛球。从高远球、劈吊、网前搓、反手拉吊最后练到“杀，上网”。这是最富有激情的一招，为了寻求这一招空中展翅的姿态，几乎所有业余时间都扑在了上面，什么跳绳啊，哑铃啊，挥拍啊……有多少次幻想着能有各种各样的比赛，幻想着“杀，上网”给人们带来的欢呼雀跃，任由他们的掌声和赞美声将我吞没，然后我高举着球拍做我最擅长的表情，陶醉在莫大的喜悦之中。可幻想一直是幻想，直到有一天幻想变成了现实。

2007年我来到了方志出版社，由于2008年奥运会在北京召开，掀起了全民运动的高潮，社科院于2009年举办了第一届羽毛球比赛，我代表方志出版社参加。之前由于生活变动，有10多年我从未摸过球拍，灰尘早已将角落里冷清的羽毛球装备封存的严严实实。当我抖落灰尘，取出球拍时，“杀，上网”那富有激情的一幕让我立刻浑身充满力量。记得最清楚的一场比赛是我们跟历史所一个组，因为无知无畏，凭借一股初生牛犊不怕虎的蛮劲，使我们很艰难地赢得了这场比赛，“杀，上网”让我表现得淋漓尽致，赢得了自信。喜讯传来,全社为之震惊,因为那个时候我们跟历史所在一个楼层办公，是邻居，我们社还是小社，一直默默无闻，能赢得这场比赛，就像一匹黑马横空出世，让历史所刮目相看。2010年第二届羽毛球比赛，历史重演，上帝又一次安排我们相遇，我们毫不留情，以5：0的战绩把历史所大比分淘汰，从此我社的羽毛球在社科院都小有名气。

最辉煌的比赛是2011年第三届，那一届我们拿到了院团体第五名的好成绩，争得了一个刻着方志出版社名字的奖杯。这是我社羽毛球最辉煌的时刻,奖杯虽小,喜悦之情就好像捧得奥运会奖杯似的,幸福指数那是相当的高。这之后我们羽毛球队壮大了队伍，更新了装备，每周都组织队员到专门球场去训练。那个时候，天是那么蓝，心是那么爽。

最伤感的比赛是2015年第七届，之所以伤感，这是我社羽毛球队参加人数最少年纪最老的比赛，以至于场次轮换的时候都没有选手参赛，只能放弃比赛，成绩惨败，从甲乙组降级到甲组。那一届比赛，我看到我的老搭档张卫东直摇头的无奈表情，也看到常主任肩部拉伤胳膊抬不起来转身下场那眼角的泪水，小张昊浑身湿透的T恤，还听到了张灏“白姐，你咋不上网啊？”的怒气。“杀，上网”从此失去了威力。

随着时间的流逝，我知道没有任何辉煌可以永驻，七届羽毛球赛事伴随我从盛年走向迟暮。我们每天都在轱辘飞转的节奏里生活，是“杀，上网”

让我变得更加纯粹，简单并快乐着，尽管她再也不能像往日一样腾空展翅了，但因为喜爱她从未离开过我的生活。

如今，记载羽毛球荣誉的奖杯就静默在窗台上，阳光每天透过硕大的窗台倾泻在她的身上，透过色彩斑斓的阳光依稀可见她曾经的喜怒哀乐，依然折射出“杀，上网”那腾空展翅的光芒！

库管员生活

彭丽萍

在方志出版社成立 20 周年之际，首先祝方志出版社生日快乐！

回想自己在方志出版社工作 4 年多的工作历程，酸甜苦辣，五味杂陈。我于 2011 年 6 月 20 日来到了方志出版社报到，工作任务是库房管理。当我走入库房的那一刻，我震惊了：库房图书存放凌乱无序，1 号库通道、2 号库地上全部为未拆箱的志书、年鉴及退书。几百平方米的库房冬天没有暖气，夏天没有空调，甚至没有我的办公室，面对这样的工作环境和工作任务，我有些心灰意冷，但不服输的个性告诉自己，既然已经来了，就不能轻言放弃，所以我下定决心一定要将其整理好，让书库面貌焕然一新。

经过一周的学习，自己就到书库单独作业，从简单的图书入库、出库做起，确保自己经手的图书账目清楚，同时对整个库房进行整体规划，对库存图书进行分类整理。自行设计书架，有序摆放，将四处堆放的图书，全部搬上书架。虽然这工作没有太多的含金量，但是件体力活，对于我来说，真是一个既艰苦又痛苦的工作，我以前的工作一直是在办公室工作，从未干过重体力活，虽然我曾多次想过放弃这份工作，我又多次劝说自己，不见风雨怎么见彩虹，有句歌词是“阳光总在风雨后”，就这样我坚持了下来。虽然我很努力地整理着这些图书，但是出版社出版图书的入库与销售量逐年增长，尤其是在 2013 年又来了大量的退货，让我感觉到力不从心。虽然我很努力，但是实力有限，库房还是积攒了大量的退货。

2014 年冀社长派了新来学生，在新来学生的协助下，将全部的退库图书，重新分类上架摆放，实行库位化管理（随时知道图书放置的具体方位），基本上盘清了家底。看到库房终于焕然一新，自己也感到非常欣慰，三年多来自己冒严寒、顶酷暑的工作终于有了结果。

2015 年社领导高瞻远瞩统筹规划，于 5 月份启动了出版社通州库房回迁工程，6 月 1 日开始实施搬迁，全体储运部工作人员在主任的领导下，齐心协力，进行了分工合作。我主要负责到达后图书的库位规划、协调搬运公司人员，确保图书安全到达。经过半个月的努力，通州书库图书全部搬入新书库。随后进行了图书上架和盘点工作，并将全部盘点数据登录到益华图书软件中。截至 8 月 14 日圆满结束。

此次搬迁不仅摸清了“家底”，还规范了图书管理流程，图书摆放井然有序。我的工作环境也发生了质的飞跃，虽然上班路途远了，但却是快乐的路程，对出版社充满希望和感激之情，艰苦的工作环境磨炼了我的意志品质，是我人生中积累的财富，看到出版社日新月异的变化，我坚信在社领导的领导下，出版社将取得长足的发展。在这里我也要感谢出版社领导对我的关心和同事们的帮助，在今后的工作中我将更加努力，为出版社的明天做出更大的贡献。

祝出版社的明天越来越好！